西安外国语大学学术著作出版专项资助

李　苗◎著

高管特征、股权激励模式
与盈余管理研究

RESEARCH ON
EXECUTIVE CHARACTERISTICS,
EQUITY INCENTIVE MODE,
AND EARNINGS MANAGEMENT

中国财经出版传媒集团
经济科学出版社
Economic Science Press
·北 京·

图书在版编目（CIP）数据

高管特征、股权激励模式与盈余管理研究 / 李苗著.

北京 ： 经济科学出版社，2025.6. -- ISBN 978 - 7 - 5218 -
6845 - 6

Ⅰ. F272. 923

中国国家版本馆 CIP 数据核字第 2025VB2636 号

责任编辑：胡成洁
责任校对：孙　晨
责任印制：范　艳

高管特征、股权激励模式与盈余管理研究
GAOGUAN TEZHENG，GUQUAN JILI MOSHI YU YINGYU GUANLI YANJIU
李　苗　著

经济科学出版社出版、发行　新华书店经销
社址：北京市海淀区阜成路甲 28 号　邮编：100142
经管中心电话：010 - 88191335　发行部电话：010 - 88191522
网址：www. esp. com. cn
电子邮箱：espcxy@ 126. com
天猫网店：经济科学出版社旗舰店
网址：http：//jjkxcbs. tmall. com
北京季蜂印刷有限公司印装
710 × 1000　16 开　12. 25 印张　200000 字
2025 年 6 月第 1 版　2025 年 6 月第 1 次印刷
ISBN 978 - 7 - 5218 - 6845 - 6　定价：68. 00 元

前　　言

　　感谢各位读者选择阅读本书。作为作者，我深感荣幸，能有机会与您分享自己在这一领域的研究成果与心得体会。本书体现了我多年来对上市公司治理，特别是股权激励主题的深入思考与探索。在撰写过程中，我始终秉持严谨务实的态度，力求以清晰的逻辑和科学的视角，呈现前沿思想与优秀研究成果。本书聚焦于上市公司股权激励在实际应用中面临的诸多挑战与问题，例如盈余管理现象。为更好应对这些问题，本书以实证检验为主要方法，对相关议题展开深入探讨并提出结论，旨在探索富有价值的理论分析和实践指导。

　　股权激励是企业用于激励和留住核心人才的一种长期激励机制，其主要形式是企业通过某种方式将公司股权或股权收益权授予高层管理人员、中层管理人员以及业务和技术骨干等。通过这种激励机制，员工能够增强主人翁意识，与企业形成利益共同体，从而推动企业与员工的共同成长，助力企业实现长期、稳定、高质量的发展目标。股权激励的效果在很大程度上取决于股权激励模式的科学选择。目前，我国上市公司主要采用股票期权和限制性股票两种激励模式。已有大量研究聚焦于股权激励模式，这些研究多从企业规模、成长性和公司治理等公司特征的视角展开，且普遍假设被激励对象是同质的。然而，在实际操作中，被激励对象往往具有明显的异质性特征。不同的股权激励模式各具特点和适用性，而股权激励的核心在于激励管理层为股东创造价值。那么，在选择股权激励模式时，是否应根据高管的特征来授予股权，以实现激励效果的最优化？基于这一思考，本书提出第一个研究问题：高管的异质性特征是否会对股权激励的模式选择产生影响？如果会，其具体影响机制是什么？

近年来，国内外上市公司频繁爆发财务披露丑闻和盈余操纵事件，这些问题对资本市场的稳定性和投资者信心造成了严重冲击。作为公司治理中的重要激励机制，股权激励虽然旨在通过将高管利益与公司业绩挂钩，促进公司价值最大化，但其设计和实施过程也可能带来潜在的负面作用。一些研究指出，股权激励是引发盈余管理行为的重要因素（肖淑芳等，2009；肖淑芳等，2013）。盈余管理是指管理层通过会计手段对公司财务报告的结果进行调节，以达到某种目的的行为。这种行为虽然在一定范围内并不违反会计准则，但可能对公司财务信息的真实性和透明度产生负面影响，进而误导投资者决策，损害资本市场的资源配置效率。股权激励作为一种旨在强化管理层责任意识和企业主人翁意识的机制，其核心目标是激励高管实现公司长期价值。然而，不同的股权激励模式在激励效果和风险控制方面存在显著差异，这可能直接影响盈余管理行为的发生概率和表现形式。

目前，我国上市公司主要采用两种股权激励模式：股票期权和限制性股票。股票期权是一种赋予高管在未来某一时点以特定价格购买公司股票的权利，其价值与公司股价的未来表现高度相关。这种模式能够激励高管通过提升公司业绩推动股价上涨，从而实现个人收益。由于股票期权的收益在很大程度上取决于股价波动，这种模式也可能诱使高管通过盈余管理等手段短期操控股价，以达到行权条件或增加期权收益。例如，高管可能通过调整收入确认、降低成本或操控资产减值准备等方式实现业绩目标，这不仅可能损害公司长期利益，还可能导致投资者对公司管理层信任度的下降。相比之下，限制性股票是一种直接授予高管公司股票的方式，其解锁条件通常与公司业绩目标挂钩，这种模式通过限制股票的转让期和业绩条件，旨在激励高管专注于公司的长期发展。与股票期权相比，限制性股票在收益结构上更加稳健，在一定程度上降低了高管进行盈余管理的动机。基于上述分析，本书研究提出第二个问题：不同的股权激励模式是否会对盈余管理行为产生不同的影响？

新公司会计准则赋予了高管更多的自由裁量权，作为上市公司的核心管理人员，高管的认知、情绪和价值观在公司经营决策中扮演着重要的作用，进而可能影响盈余管理行为。基于前两个研究问题，进一步深入探讨高管特征是否通过影响股权激励模式进而间接影响盈余管理，学界对此缺乏系统性研究。从理论上看，高管的异质性特征可能影响其对不同股权激励模式的偏好，例如风险偏好较高的高管可能更倾向于被授予股票期权，而偏好稳健收益的高管可能更倾向于被授予限制性股票模式，这种激励模式的选择可能通过不同的收益结构和风险控制机制，对盈余管理行为产生重要影响。因此，股权激励模式可能在高管特征与盈余管理之间起到中介作用，但这一作用的具体机制尚需进一步验证。基于上述背景，本书研究提出第三个问题：高管的异质性特征是否通过股权激励模式的中介路径间接影响盈余管理？

本书根据上述几个问题展开研究，主要研究工作和创新点包括以下三个方面。

（1）基于高阶理论，创新性地从高管特征角度，分析并实证检验了其对股权激励模式的影响，两者之间通过高管行为决策路径产生影响。研究结果发现：对于年长、任期长、学历高、社会资本丰富、两职合一以及持股比例低的高管，公司倾向授予其限制性股票；

相反，对于年轻、任期短、学历低、社会资本欠缺、两职分离独立以及持股比例高的高管，公司倾向授予其股票期权；高管性别这一特征对股权激励模式的影响并不显著，这可能是样本选择限制的原因，研究结论对公司选择股权激励模式具有重要的参考价值，上市公司在选择高管股权激励模式时不仅要考虑公司特征因素，还应结合高管特征因素。

（2）学术界对高管的认知、情绪和价值观等的衡量，主要是从高管特征如高管学历、年龄、性别等方面展开，而这些均属于高管的内在特性。然而，高管的社会资本、两职合一和高管持股等外在特征也会对企业经营决策行为产生重要影响，现有研究对此却较少涉及。因此本书研究高管特征从内在特征和外在特征两方面进行分析。

（3）本书将高管特征、股权激励模式、盈余管理三者纳入同一框架，系统、深入地分析三者之间的影响关系及路径，实证分析了高管特征对股权激励模式的影响，进一步分析不同股权激励模式对盈余管理行为（应计盈余管理和真实盈余管理）的影响。研究结果发现，与限制性股票相比，股票期权更容易导致高管应计盈余管理行为和真实盈余管理行为的发生。通过进一步研究，发现股权激励模式在高管特征对盈余管理的影响中起到局部中介作用。

本书研究具有一定意义：理论方面，丰富了高管特征、股权激励和盈余管理关系领域的理论体系，系统分析了高管特征通过股权激励模式的中介作用影响盈余管理的机制，揭示了三者之间的复杂关系，从而深化了对公司治理和激励机制的理解，为后续研究提供了新的理论依据；实践方面，本书研究为企业优化股权激励方案设计提供了科学指导，通过结合高管特征，企业可因人制宜地选择适合的激励模式，既能增强激励效果，又能有效抑制盈余管理行为。同时，本书为监管机构制定针对性政策提供了重要依据。

目　录

第一章 绪 论

第一节 研究背景

股权激励作为一种有效的管理工具，已在全球范围内的上市公司中广泛应用。它通过将公司股票作为激励标的，与高管等被激励对象订立契约，使其在满足特定条件后能够获得公司股份，从而实现将高管个人利益与公司长期发展目标绑定的目的，这种激励机制不仅能够有效缓解信息不对称引发的委托代理问题，还可以吸引和保留关键人才，促进企业的高质量发展。自 2006 年《上市公司股权激励管理办法》实施以来，我国上市公司在股权激励方面的实践逐渐增多，这一趋势伴随着资本市场的成熟与发展及公司治理结构的完善而不断加强。此外，随着《关于规范国有控股上市公司实施股权激励制度有关问题的通知》《股权激励有关事项备忘录》等规范性文件的发布，我国上市公司的股权激励机制也进一步规范和明确。

然而，在实际操作中，股权激励仍存在诸多问题，如其对盈余管理行为的潜在影响。在股权激励方案设计中，股权激励模式的选择是首要且关键的一步，股权激励模式的选择反映了企业对激励效果的不同预期（黄虹等，2014）。不同模式的股权激励工具，例如股票期权与限制性股票，因激励效果和适用情景的差异，往往会对企业的激励效果以及高管行为产生不同的影响。股票期权通常被视为激励性强但风险较高的工具，其收益与股价表现密切相关，高管可以通过努力提高公司业绩来获得更高的个人收益。而限制性股票则更倾向于提供稳定的激励效果，通过锁定持股期，将高管的利益与公司的长期稳定发展相结合。笔者通过整理统计数据发现，从 2006～2022 年，我国上市公司中成功实施的股权激励方案共计 6019 份，具体的股权激励模式应用情况如表 1－1 所示。通过表 1－1 分析可见，中国上市公司在股权激励方案选择上，主要采用股票期权与限制性股票两种模式，且这两种模式的应用均呈现出逐步增加的趋势。但在股权激励模式选择方面有所变化，2006～2011 年，股票期权是上市公司的首选激励模式，从 2012 年开始，限制性股票的应用数量逐年增多，逐渐在数量上超过了股票期权，并在 2018 年以后成为了主导地位。2019～2022 年，虽然限制性股票依然是更受欢迎的激励模式，但两者之间的差距有所缩小。

表 1－1　　　　2006～2022 年我国上市公司股权激励模式的应用情况　　　单位：份

年份	限制性股票	股票期权	股票增值权	其他模式	合计
2006	6	18	1	5	30
2007	0	5	2	5	12
2008	2	13	2	0	17
2009	7	12	0	2	21
2010	14	39	2	0	55
2011	27	47	2	2	78
2012	60	49	2	2	113
2013	92	69	0	0	161
2014	111	55	1	0	167
2015	138	40	2	2	182
2016	190	56	2	1	249
2017	297	80	3	0	380
2018	441	40	0	0	481
2019	308	180	2	0	490
2020	479	288	2	0	769
2021	822	584	1	0	1407
2022	807	596	4	0	1407
合计	3801	2171	28	19	6019

资料来源：国泰安数据库（CSMAR），网址：https：//data. csmar. com。

　　这种趋势变化本质是股权激励模式选择的影响因素的研究问题，尽管有关股权激励模式影响因素的研究取得了丰富成果，但集中于公司特征的视角。例如，有研究表明，公司规模、成长性、治理结构以及控股股东性质等因素会显著影响企业选择何种股权激励模式（Murphy，2003；徐宁，2010）。成长性较好的企业更倾向于选择股票期权，因其能够提供更高的潜在回报，从而激励高管追求企业快速增长。而国有控股公司则由于政策背景和稳定性需求，更倾向于选择风险较低且稳定性更强的限制性股票（杨力等，2017）。然而，这些研究大多假设被激励对象是同质的，而忽视了高管个体间的差异性。

　　实际中，被激励对象，特别是高管和核心技术人员，并不具有相同的风险承受能力，他们的风险偏好程度有显著的个体差异，这种差异性对于股权激励的设计和实施至关重要，因为股权激励的主要目的是将高管的个人利益与公司的长远利益紧密绑定，以促进其更好地为公司工作，因此应充分考虑高管的个人特征差异性带来的影响，有学者进一步地将被激励对象的差异纳入考虑，探索这些差异如何影响股权激励模式的选择（肖淑芳等，2016）。但该研究仅对理解不同类型被激励对象的股权激励模式选择偏好提供了见解，仍未充分考虑被激励对象的个人特征如年龄、性别、任期和学历等如何影响其对股权激励模式的选择。高管的个人特征对股权激励模式的选择具有重要影响，然而这一点在已有研究中却鲜有涉及。根据高阶理论（Upper Echelons Theory），高管的个人特征，如年龄、性别、学历、任期、风险偏好等，直接影响其价值观、决策偏好和行为认知能力（刘凤朝等，2017）。例如，年轻高管可能因其更高的风险承受能力和成长动机而倾向于选择股票期权，而年长高管可能更注重稳定性，从而更倾向于选择限制性股票，这种个体差异不仅影响股权激励模式的选择，也可能对实施效果产生深远影响，因此，从高管特征的视角探讨股权激励模式的选择具有重要意义。

　　与此同时，股权激励的设计和实施在实践中也暴露出一些问题，盈余管理行为便是其中之一。盈余管理通常被定义为高管利用会计政策或估计手段调整公司财务报告，以实现个人或公司特定目标的行为（Healy and Wahlen，1999）。近年来，随着经济全球化及金融事务的复杂化，国内外上市公司财务丑闻的频繁曝光更是凸显了这些问题，这些丑闻往往涉及复杂的盈余管理行为，暴露了信息披露质量的不良，严重影响了投资者对市场的信任。国内学者苏冬蔚和林大庞（2010）也指出，股权激励可能导致高管进行盈余管理，以满足激励计划中设定的业绩目标。更进一步，谢德仁等（2018）研究显示，在实施股权激励计划的上市公司中，存在一种行权业绩条件的"踩线"达标现象，即公司的报告业绩恰好满足股权激励方案中规定的最低业绩标准，这种现象表明，为了达到股权激励的业绩要求，高管可能采取了盈余管理的手段。股权激励方案通过将高管的薪酬与公司的经营绩效直接挂钩，有学者研究发现，高管在会计准则允许的范围内，可能会选择有利的会计政策或计量方法来调整公司的盈余，以最大化自己的收益（Suryandari et al.，2019）。虽然这种盈余管理行为本身可能未必违法或违反会计准则，但它破坏了会计信息的真实性和可靠性，影响了公司财务报告的质量。通常情况下，一旦高管为了实现某些特定目标而进行盈余调整，那么在随后的经营和管理中就需要通过更多的调整、操控和财务造假行为来掩藏，这已不只是简单的关于财务报告方面的问题，它更是一个非常严肃的社会焦点问题，这种造成公司股票价值、账面价值和其真实价值之间出现严重偏离的结果，对公司股东、投资者等相关利益者的价值判断和投资决策产生了严重影响，打击了资本市场投资者尤其是个人投资者的积极性，扰乱了资本市场秩序。

股权激励机制旨在通过激励高管推动公司发展，但如果设计不合理，反而可能加剧盈余管理问题。由于信息不对称和契约不完备，高管在公司财务报告及盈余管理方面扮演着关键角色（O' Callaghan et al.，2018），高管们通常会利用自己的信息优势和职权进行盈余管理（权小锋和吴世农，2010）。然而，这一领域的研究仍显不足，特别是关于高管个人特征如何通过影响股权激励模式选择，进而影响盈余管理行为的机制尚未得到系统探讨。

基于此，本书将研究视角扩展到人类本性及行为认知领域，从高管特征的视角出发，探讨其对股权激励模式选择的影响及其对盈余管理行为的潜在作用机制。根据高阶理论和行为经济学，研究高管不同特征对股权激励模式选择的影响，以及如何进一步直接或间接地影响盈余管理行为。

第二节 研 究 意 义

一、理论意义

（一）丰富股权激励理论框架

本书立足于公司治理领域，创新性地将高管特征、股权激励模式与盈余管理行为纳入同一研究框架。以往研究多聚焦于企业特征（如规模、所属行业、成长性、治理结构）对股权激励模式的影响，并且是在高管同质性假设的基础上展开的。股权激励的核心是被激励对象——高管，因此考虑高管的异质性显得尤为重要。本书则基于高阶理论，将研究视角拓展至高管个人特征，分析高管个人特征对股权激励模式选择的深远影响，这一研究不仅丰富了股权激励的理论体系，也为后续相关研究提供了新的理论视角和研究框架。

（二）深化高管特征的研究维度

在企业治理和战略决策中，高管的个人特征对企业的运作与发展起着至关重要的作用。以往学术研究更多关注高管的内在特征，如年龄、性别、学历等，来解释高管对企业决策的影响，这些特征通常与个人的风险偏好、决策风格和行为倾向直接相关。然而，仅从内在特征视角分析高管行为，可能难以全面揭示行为的复杂性和多样性。本书在已有研究的基础上，将高管的外在特征纳入分析，构建了一个更加全面的高管特征研究框架。外在特征主要包括高管的社会资本、两职合一（即同时担任董事长和总经理的双重角色）以及持股比例等，这些特征不仅影响高管的个人决策风格，也会通过制度环境和公司治理结构进一步作用于企业的战略与运营。通过结合内在特征与外在特征的研究，弥补了现有研究的不足，为企业高管行为的理解和预测提供了更全面的理论依据。

（三）揭示高管特征影响盈余管理的中介机制

盈余管理行为一直是公司治理研究的核心议题之一，但现有研究主要关注公司特征和股权激励对盈余管理的直接影响，本书系统分析了高管特征通过股权激励模式的中介路径影响盈余管理的机制，进一步揭示了高管特征、激励模式与盈余管理之间复杂的作用关系，这一发现为盈余管理行为的研究提供了新的理论依据。此外，本书在研究过程中区分了应计盈余管理和真实盈余管理两种行为模式，并分别分析了不同股权激励模式对这两种行为的差异性影响，不仅深化了对盈余管理行为类型化的理解，也为制定更精确的激励方案和监管政策提供了理论支持。

二、实践意义

（一）指导企业优化股权激励模式

本书研究发现，高管的特征会显著影响股权激励模式的选择，并进一步影响盈余管理行为。因此，上市公司在设计股权激励方案时，不应仅考虑公司特征因素，还需结合高管的异质性特征，因人而异地选择适合的激励模式。例如，对年长、学历高、社会资本丰富的高管，限制性股票可能是更适合的选择；而对年轻、风险偏好高的高管，股票期权可能更适合。通过合理选择股权激励模式，企业可以在激励高管实现长期价值的同时，有效抑制盈余管理行为。

（二）提升公司治理水平

盈余管理行为对资本市场的透明性和效率有显著负面影响。本书的研究结论为企业治理层提供了明确的改进路径，通过结合高管特征和股权激励模式的联动效应，企业可以更有效地降低盈余管理行为发生的概率，从而提升公司治理的整体水平，这对企业和资本市场的长期高质量发展具有重要意义。

（三）为政策制定提供依据

在资本市场中，盈余管理行为的监管一直是难点。本书通过实证分析，揭示了不同股权激励模式对盈余管理行为的具体影响及其背后的机制，这一发现可以为监管机构提供科学依据，帮助其制定更具针对性的政策措施。例如，针对股票期权激励引发的盈余管理风险，监管机构可以要求企业进一步披露高管股权激励方案的设计细节。

（四）促进资本市场健康发展

本书研究为资本市场健康发展提供了重要支持。使企业不仅能够实现激励效果的优化，还能减少因盈余管理行为导致的财务信息失真，进而提高投资者的信任度和市场资源配置效率，这对于构建一个公开、公平、公正的资本市场环境具有积极意义。

第三节　研　究　内　容

第一章，绪论。主要围绕本书的研究背景、研究意义、研究内容和研究方法展开，为整本书奠定了理论基础和逻辑框架。首先，本章分析了股权激励与盈余管理在实践中面临的挑战与问题，阐述了高管特征、股权激励模式及盈余管理三者之间复杂关系的重要性，强调了研究主题的必要性和紧迫性。其次，提炼并提出了本书的主要研究问题，具体包括高管特征如何影响股权激励模式、股权激励模式如何影响盈余管理，以及高管特征是否通过股权激励模式的中介作用间接影响盈余管理。再次，本章详细阐述了本书的主要研究内容及框架结构，梳理了章节安排和逻辑思路，确保内容的连贯性和系统性。最后，介绍了本书所使用的研究方法，结合技术路线图对研究思路进行了系统展示。

第二章，理论基础与文献综述。首先，介绍了委托代理理论、激励理论、人力资本理论、高层梯队理论、管理层权力理论等相关重要理论。其次，对高管、股权激励、盈余管理的相关概念进行阐述。再次，对现有研究文献进行归纳、分析和述评，主要从四方面展开：一是股权激励的相关研究（包括股权激励的动因研究、股权激励对企业绩效的影响研究、股票期权和限制性股票的比较研究、股权激励模式选择的影响因素研究）；二是盈余管理的相关研究（包括盈余管理的方式研究、盈余管理的计量研究、盈余管理的影响因素研究）；三是高管特征与行为决策的相关研究；四是股权激励与盈余管理关系的相关研究。最后，对已有研究进行述评，找出已有研究存在的缺陷和不足，以此引出本书后续的研究工作。

第三章，理论分析与研究假设。本章对高管特征、股权激励模式与盈余管理三者之间关系的理论框架进行了深入的分析，揭示了高管特征、股权激励模式与盈余管理之间的潜在联系，为后续的实证研究提供了理论依据。在理论分析的基础上提出研究假设，并构建了本书研究的概念模型（如图 1 - 1 所示），以直观地展示高管特征、股权激励模式与盈余管理之间的影响关系和路径。

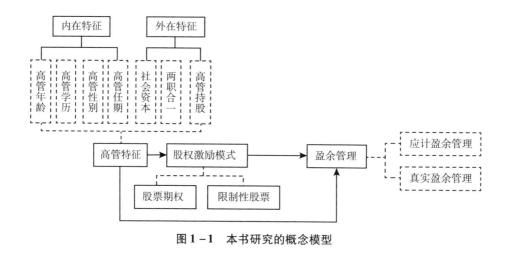

图 1 - 1　本书研究的概念模型

第四章，高管特征对股权激励模式选择影响的实证研究。本章采用定量回归方法进行系统检验。本章首先明确研究设计，具体包括样本选择、研究变量的定义与设计，以及模型的构建；其次，通过回归分析探讨高管特征与股权激励模式选择之间的相关性与因果关系；最后，为了验证研究结果的可靠性，进行了稳健性检验和内生性检验，从而进一步提高结论的可信度。

第五章，股权激励模式对盈余管理影响的实证研究。首先，进行了研究设计；其次，从应计盈余管理和真实盈余管理两个方面，对不同股权激励模式对盈余管理的影响进行了回归分析；最后，通过一系列稳健性检验，对研究结果的稳健性进行了检验。

第六章，高管特征对盈余管理影响的实证研究。本章首先进行研究设计；其次从应计盈余管理和真实盈余管理两个方面，深入探讨了股权激励模式在这两者之间所起到的中介作用，通过回归分析，揭示了高管特征、股权激励模式与盈余管理之间复杂的作用关系；最后，进行了稳健性检验，进一步证实研究结论的稳健性。

第七章，研究的结论与对策。对本书的所有研究结果、主要创新点进行归纳和总结，进而提出了本书的管理启示与对策建议，最后指出了本书研究的缺陷和不足，并进行展望，未来研究可进行更深入的探索和完善。

第四节 研究方法与技术路线

一、研究方法

（一）文献分析法

文献分析法是一种通过查阅、整理和分析现有文献资料、归纳总结前人研究成果并揭示研究领域关键问题的方法。在本书中，文献分析法主要用于第二章的理论基础与文献综述部分。通过系统梳理与股权激励、高管特征、盈余管理相关的国内外研究，进行文献述评，揭示现有研究的不足，为提出新的研究方向奠定了理论基础；同时介绍了委托代理理论、激励理论、人力资本理论、高阶理论、管理层权力理论等重要理论，阐述了高管特征、股权激励、盈余管理的含义。在第三章理论分析和提出研究假设中，利用文献分析法明确高管特征、股权激励模式与盈余管理三者之间的影响机理与作用关系，并提出研究假设。

（二）对比分析法

对比分析法是通过比较不同对象或变量之间的差异得到结论。本书在多个章节中使用对比分析法：第三章通过对股权激励模式的对比，从权利义务和激励惩罚的对称性、等待期与解锁期、行权价与授予价格、价值评估及激励力度、会计核算、现金压力、股利分配、证券市场反应等方面，对股票期权与限制性股票两种股权激励模式的特点进行比较、分析，揭示其在优缺点、风险、适用性方面的差异性；第五章通过对盈余管理方式的对比，比较应计盈余管理和真实盈余管理的特征差异。

（三）统计分析法

统计分析法是运用统计学方法对数据进行处理、分析和解释，以揭示数据间关系和规律的方法。（1）描述性统计：第四、第五和第六章分别对研究样本中的高管特征、股权激励模式和盈余管理指标进行描述性统计分析，揭示变量的分布特征和趋势。（2）相关性分析：分析高管特征与股权激励模式、股权激励模式与盈余管理之间的相关性，为回归分析奠定基础。

（四）回归分析法

回归分析法是一种统计技术，用于分析一个或多个自变量如何影响因变量，并估计影响程度。本书在第四章、第五章、第六章中广泛采用了回归分析法：第四章探讨高管特征对股权激励模式选择的影响，通过回归模型分析高管的年龄、性别、学历、任期等特征对限制性股票和股票期权选择的影响；第五章分析不同股权激励模式对盈余管理行为的影响，分别构建应计盈余管理和真实盈余管理的回归模型，揭示两者之间的差异性影响；第六章研究高管特征对盈余管理的直接影响及股权激励模式的中介效应的间接影响，构建分层回归模型验证理论假设。通过回归分析法，揭示了高管特征、股权激励模式、盈余管理三者间的定量关系。

二、研究思路与技术路线

本书以图 1-2 中所示的技术路线展开研究工作。其中，长方框代表本书的主要研究内容，波形框代表本书的主要研究方法。研究思路紧密围绕高管特征、股权激励模式、盈余管理三者之间的关系展开，具体分为以下几个步骤。

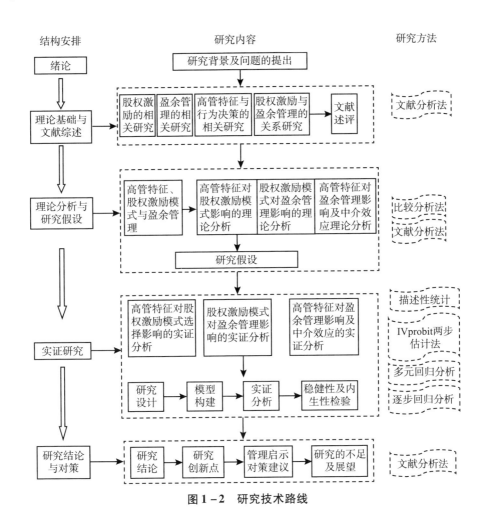

图1-2 研究技术路线

第一，通过分析当前的研究背景，明确本书的核心研究问题。高管特征如何影响股权激励模式的选择？不同股权激励模式对盈余管理行为的影响是否存在显著差异？股权激励模式是否在高管特征与盈余管理之间发挥中介作用？

第二，采用文献梳理法对相关研究进行系统综述。本书通过整理国内外学术文献，归纳总结股权激励模式选择的主要影响因素、高管特征对行为决策的作用机制，以及盈余管理行为的驱动因素。在此基础上，梳理了研究成果与不足。

第三，对本书研究的理论框架进行深入分析，并提出研究假设与概念模型。构建了高管特征、股权激励模式与盈余管理三者之间的影响机制框架。

第四，围绕研究问题展开实证分析。从以下几方面展开：高管特征对股权激励模式选择影响的实证分析；不同股权激励模式对高管盈余管理影响的实证分析；高管特征对盈余管理的影响及股权激励模式中介作用的实证分析。

第五，总结本书的研究结论、创新点，提出针对性的管理启示与对策建议。

第二章　理论基础与文献综述

第一节　理　论　基　础

一、公司治理理论和委托代理理论

公司治理理论随着西方企业的发展而发展。在 19 世纪 70 年代以前，西方企业的所有权与经营权是合一的，几乎不存在治理问题。在 19 世纪 70 年代至 20 世纪 20 年代，由于企业规模的不断扩张，企业所有者逐渐将经营权移交给职业经理人。20 世纪 30 ~ 70 年代，科技革命推动了现代公司的发展，同时也促进了企业所有权与经营权的分离发展。资本的价值形态与实物形态相分离，企业经营者的控制权不断扩大，公司治理问题引起了人们的关注。自 20 世纪 80 年代至今，职业经理人的权力过度扩张，导致所有者与经营者之间的矛盾加剧，特别是以安然事件为代表的西方国家企业财务报告丑闻频频暴露，使人们不得不反思即使在法律制度较为完善的国家也存在公司治理问题。自 20 世纪 90 年代以来，公司治理在发达国家成为一个持续关注的政策问题。亚洲金融危机之后，公司治理改革成为东亚国家和地区的热门话题和首要任务。随着经济全球化的加速发展，投资者要求各国完善公司治理结构，形成了一个公司治理运动的浪潮。公司治理理论认为，良好的公司治理机制可以有效地提高企业的绩效和价值。而股权激励作为一种公司治理机制，可以通过调整高管团队的薪酬结构来激励他们更加关注公司的长期价值，可以降低代理成本，提高企业的绩效和价值。

委托代理理论（Principal-Agent Theory）是股权激励理论的基石之一。公司治理的核心问题是解决因所有权和控制权分离而产生的代理问题。委托代理理论被认为是主流公司治理理论的重要组成部分，它是20世纪70年代初一些经济学家深入研究企业内部信息不对称和激励问题发展起来的。委托代理理论的核心任务是研究在利益冲突和信息不对称的环境中，委托人如何设计最优契约以激励代理人。简而言之，就是研究如何通过签订薪酬契约来控制道德风险问题，从而降低代理成本。委托代理理论认为，当职业经理人本身就是企业资源的所有者时，他们拥有企业全部的剩余索取权，因此经理人员会努力地为企业工作，这种情况下不存在代理问题。然而，当职业经理人通过发行股票等方式从外部筹集新的资金时，他们可能会产生提高在职消费、自我放松和降低工作强度的动机。

在委托代理理论中，企业所有者将企业的日常管理权委托给高管团队，并支付一定的薪酬作为委托代理的成本，然而，由于信息不对称和利益不一致等问题，委托代理关系中存在着代理成本和利益冲突。股权激励作为一种激励机制，可以有效地降低代理成本，缓解利益冲突，提高委托代理的效率。

二、激励理论

激励理论是行为科学中用于处理需要、动机、目标和行为四者之间关系的核心理论。行为科学认为，人的动机来源于需要，由需要确定人们的行为目标，而激励则作用于人的内心活动，激发、驱动和强化人的行为。激励理论是业绩评价理论的重要依据，它解释了为什么业绩评价能够促进公司业绩的提高，以及什么样的业绩评价机制才能够促进业绩的提高。股权激励作为一种激励机制，其实施需要高管达到契约规定的业绩考核要求。

早期的激励理论研究主要关注"需要"的研究，试图回答以什么为基础或根据什么才能激发和调动工作积极性的问题。这些理论包括亚伯拉罕·马斯洛（Abraham Maslow）的需求层次理论、弗雷德里克·赫茨伯格（Frederick

Herzberg）的双因素理论（又称"激励保健理论"）、戴维·麦克利兰（David McClelland）的成就需要理论等。

（一）马斯洛的需求层次理论

马斯洛的需求层次理论认为人类的需要是有等级层次的，这五个层次从低到高分别是生理需求、安全需求、社交需求（也被称为归属与爱的需求）、尊重需求和自我实现需求。生理需求是最基本的需求，包括食物、水、睡眠等基本生理过程的需要。安全需求是当生理需求得到满足后，人们会追求安全感，包括身体安全、稳定的工作和收入等。社交需求也被称为归属与爱的需求，这一层次的需求涉及与他人建立关系，如友谊、亲情等。在尊重需求这一层次，人们追求自尊和他人的尊重，包括社会地位、成就等。自我实现需求是最高层次的需求，涉及个人成长、发挥自身潜能和创造力等。当一个层次的需求得到满足后，人们会追求更高层次的需求，并且提出当某一层次的需要获得满足以后，这种需要便中止了它的激励作用。

在马斯洛看来，人类价值体系存在两类不同的需求：一类是沿生物谱系上升方向逐渐变弱的本能或冲动，称为低级需求和生理需求；另一类是随生物进化而逐渐显现的潜能或需求，称为高级需求。人都潜藏着这五种不同层次的需求，但在不同的时期表现出来的各种需求的迫切程度是不同的，人的最迫切的需求才是激励人行动的主要原因和动力。人的需求是从外部得来的满足逐渐向内在得到的满足转化，低层次的需求基本得到满足以后，它的激励作用就会降低，其优势地位将不再保持下去，高层次的需求会取代它成为推动行为的主要原因，这一理论为理解高管股权激励的需求提供了基础。（1）生理需求和安全需求：激励的基本保障。高管的薪酬结构首先需要满足其基本生理需求和安全需求。在现代企业中，股权激励机制（如股票期权和限制性股票）为高管提供了超出基本薪酬的额外收益，从而满足高管对物质安全和经济保障的需求。（2）社会需求：归属感与团队合作。在股权激励中，激励机制不仅是薪酬的一部分，更是一种将高管利益与企业长期发展绑定的策略，体现高管在团队中的重要性，股权激励通过赋予高管部分公司所有权，使其与企业形成利益共同体，增强归属感，这种归属感在限制性股票中尤为明显，因为它要求高管长期持股并与企业共同成长。（3）尊重需求：成就与地位。尊重需求包括自我尊重和他人尊重，对于高管而言，股权激励不仅是物质奖励，更是其职业成就和企业认可的重要体现，通过激励机制，高管能够获得更高的地位和声誉，从而满足其尊重需求。（4）自我实现需求：个人潜能与价值的实现。股权激励通过将高管的利益与企业长期目标绑定，激发其在企业战略规划、经营管理和创新活动中的潜力，实现其职业理想。本书从高管特征角度出发，探讨了不同特征高管在职业生涯阶段、个人价值观上的差异如何影响其对股权激励模式的偏好，从而揭示股权激励如何满足高管的自我实现需求。

（二）赫茨伯格的双因素理论

双因素理论（Two-Factor Theory）由弗雷德里克·赫茨伯格提出，该理论将影响员工工作满意度的因素分为两类：保健因素（hygiene factors）和激励因素（motivators）。保健因素指与工作环境和外在条件相关，包括薪酬、公司政策、工作安全、监督关系、同事关系等，这些因素的缺乏会导致不满，但其存在不会显著提高满意度。激励因素指与工作内容和内在动机相关，包括成就感、责任感、工作本身的意义、职业发展和认可等，这些因素能够显著提升员工的积极性和工作满意度。双因素理论认为，保健因素和激励因素在员工的行为激励中扮演着不同角色，保健因素旨在消除不满，为员工提供基本的工作条件，激励因素旨在激发员工的内在动力，使其努力实现更高的目标。

股权激励作为一种重要的管理工具，其设计与实施体现了双因素理论的基本思想。股权激励中限制性股票更倾向于满足高管对工作安全性、经济保障等保健因素的需求，通过长期收益绑定机制，限制性股票为高管提供了稳定的激励，减少了因业绩波动带来的不安全感。股票期权因其高风险高回报特性，更适合作为激励因素激发高管的内在动力。期权激励能够通过对未来股价增长的预期，激发高管的成就感和责任感，促使其更积极地推动公司长期发展。

（三）麦克利兰的成就需要理论

成就需要理论（Need for Achievement Theory）由美国心理学家戴维·麦克利兰（David McClelland）提出，旨在解释个体在工作环境中如何受到内在需求的驱动。该理论认为，人类行为受到三种核心需求的驱动：成就需要（achievement need）、权力需要（power need）和亲和需要（affiliation need）。不同个体对这些需求的重视程度不同，从而形成其行为和动机的主要特征。成就需要被定义为根据适当的目标追求卓越、争取成功的一种内驱力。高成就需要的个体通常具有强烈的进取心和竞争力，他们愿意承担风险并追求更高的成就。反之，低成就需要的个体更倾向于选择稳定性和安全性较高的工作。激励理论中的过程学派认为，通过满足人的需要实现组织的目标有一个过程，即通过制定一定的目标影响人们的需要，从而激发人的行动，包括期望理论、目标设置理论、公平理论、综合激励模型、强化理论等。

1. 期望理论

期望理论（Expectancy Theory）由维克多·弗鲁姆（Victor Vroom）于1964年提出，是动机理论中的经典框架之一。该理论指出，个体的行为取决于其对努力所带来的结果及结果价值的期望。换句话说，个体会根据预期行为结果及其价值来选择行动，目的是实现目标最大化。期望理论强调，动机是由三个关键因素共同作用的结果：一是期望（expectancy），是个体相信自身努力能够带来某种绩效的可能性；二是工具性（instrumentality），是个体相信绩效会带来某种奖励或结果的可能性；三是效价（valence），是个体对某种奖励或结果的价值判断。期望理论的核心公式为：动机 = 期望 × 工具性 × 效价，当三个因素都达到较高水平时，个体的动机最强；如果任何一个因素为零，动机则无法激发。

2. 目标设置理论

目标设置理论（Goal-Setting Theory）由德温·洛克（Edwin Locke）于1968年提出，是一种以目标为导向的动机理论。该理论认为，具体且具有挑战性的目标能够显著提升个体的绩效，目标的清晰性和难度是激发动机的关键。个体通过目标的设定获得努力的方向和强度，从而驱动行为达成目标。概括起来，主要有三个因素。（1）目标的实现难度。目标应该具有较高难度，那种轻而易举就能实现的目标缺乏挑战性，不能调动起人的奋发精神，因而激励作用不大，当然，高不可攀的目标也会使人望而生畏，从而失去激励作用，因此，应把目标控制在有较大难度、又不超出人的承受能力的范围。（2）目标的明确性。目标应明确、具体，诸如"尽量干好""努力工作"等笼统空泛、抽象性的目标，对人的激励作用不大，而能够观察和测量的具体目标，可以使人明确奋斗方向，并明确自己的差距，这样才能有较好的激励作用。（3）目标的可接受性。只有当职工接受了组织目标，并与个人目标协调起来时，目标才能发挥应有的激励功能。为此，应该让职工参与组织目标的制定，这比由管理者将目标强加于职工更能提高目标的可接受性，可以使职工把实现目标看成自己的事情，从而提高目标的激励作用。这些关于需要和目标的研究，都成为设计业绩评价体系必须考虑的因素，特别是激励的过程理论中提出的若干要求，对于设计有效的业绩评价体系具有指导意义。

3. 公平理论

公平理论（Equity Theory）由约翰·斯塔希·亚当斯（John Stacey Adams）于 1963 年提出，是动机理论的重要组成部分之一。公平理论强调，个体的动机和满意度不仅取决于绝对的奖励，还受到相对奖励（即公平性）影响。人们会通过比较自身与他人投入产出比的相对公平性来评价自己的工作报酬，从而决定是否调整自己的行为。

4. 综合激励模型

爱德华·劳勒（Edward Lawler）和莱曼·波特（Lyman Porter）的综合激励模型是对动机和绩效之间关系的系统性理论探索，模型结合了期望理论和公平理论的核心思想，对个体在组织中的工作动机、绩效和奖励的关系进行了详细的分析与整合。综合激励模型旨在解释工作绩效的驱动因素及其反馈机制，模型的核心内容可以分为以下几个要素：努力（effort）、能力与特质（abilities and traits）、角色认知（role perceptions）、绩效（performance）、奖励（rewards）、奖励的公平感（perceived equity of rewards）、工作满意度（job satisfaction）。模型的反馈机制是努力→绩效→奖励→公平感→满意度→再次努力，这是一个动态循环，过去的奖励与公平感直接影响未来的努力水平。

5. 强化理论

强化理论（Reinforcement Theory）由美国行为心理学家伯尔赫斯·弗雷德里克·斯金纳（Burrhus Frederic Skinner）提出，是基于行为主义学派的经典理论之一。该理论强调，个体的行为受到其结果（即强化）的影响，通过奖励或惩罚的方式，可以强化或抑制某种行为的发生。强化理论广泛应用于组织行为学、教育、管理和人力资源领域，用于解释和影响个体在特定环境中的行为表现。强化理论以行为的因果关系为基础，认为行为的后果决定了该行为在未来发生的频率，其核心要点包括以下几个方面：（1）强化的类型，包括正强化（positive reinforcement）、负强化（negative reinforcement）、惩罚（punishment）、消退（extinction）；（2）强化的时间安排：固定间隔强化（fixed interval reinforcement）、固定比例强化（fixed ratio reinforcement）、可变间隔强化（variable interval reinforcement）、可变比例强化（variable ratio reinforcement）。

三、人力资本理论

人力资本理论（Human Capital Theory）由经济学家西奥多·舒尔茨（Theodore Schultz）和加里·贝克尔（Gary Becker）提出，是经济学的一个重要理论，它突破了传统理论中的资本仅是物质资本的框架，将资本划分为人力资本和物质资本，这种划分提供了一个全新的视角来研究和理解经济理论和实践。人力资本理论主要探讨人力资本的基本特征、形成过程、人力资本的投资形式及投资收益等相关问题。该理论的核心观点是，人力资本是一种重要的资本形式，体现在人的知识、技能、经验等方面，可以通过投资增加。

人力资本理论认为，企业中的人力资本是企业价值的重要组成部分，股权激励作为一种人力资本的激励方式，可以激发高管团队的创新精神和创造力，提高他们的工作投入度和产出水平，进而提高企业的人力资本价值和绩效。人力资本理论对股权激励机制有一定的支持。

（一）人力资本所有者应享有剩余价值索取权

在现代企业中，由于股权分散和管理的专业化，股东并不直接经营管理公司的资产，尤其是拥有少数股权的个别股东直接参与管理公司成本过高。在这种情况下，聘用职业经理人管理公司就成为可能和必然。经营管理的高度专业化和复杂化，使得管理者的管理经验、管理能力、管理秩序与方法，以及各种技能与公司的运营密不可分，如果将这些人力资本从现代企业中分离出去，只让一般劳动力在现代企业中劳动，现代企业就可能"瘫痪"。仅靠货币资本而没有人力资本，现代企业就无法经营，人力资本与货币资本一样是现代企业不可或缺的最基本的生产要素。货币所有者在企业分配中享有剩余索取权，人力资本所有者也应当享有相应的剩余索取权，只有这样才能符合市场经济规律，如果人力资本的投入没有及时地获得认可与回报，那么人力资本所有者便会有可能采取投机行为。

经理人的才能就是经理人的人力资本，它是经营者知识、能力的凝聚和结晶。经理人与普通员工的区别在于能动性的因素，因此，经理人剩余索取权是经理人人力资本产权化的内在要求。经理人人力资本只有产权化，才能使人力资本的作用得到充分发挥，如果人力资本产权不能落实到位，经理人将"关闭"其人力资本，使人力资本的经济价值立刻降低，甚至趋于零。

（二）人力资本是企业最主要的无形资产

人力资本是企业最重要的无形资产之一，在现代企业中具有举足轻重的地位。作为要素投入，人力资本应与其他资本一样参与企业利润分配，以体现其对企业价值的贡献。由于人力资本与其所有者的不可分离性，对人力资本进行充分的激励显得尤为重要。现代企业理论认为，人力资本具有专用性风险，这种风险随着分工的加深而日益加大，因此，作为企业风险的承担者之一，人力资本应与物质资本共享企业的剩余索取权。为了充分发挥人力资本的价值，企业需要建立一套有效的激励机制，包括薪酬激励、晋升机制、培训和发展等，这些激励措施旨在提高员工的工作满意度和忠诚度，从而促使他们为企业创造更多的价值，同时企业还应关注员工的个人成长和发展，为他们提供良好的职业发展机会。

公司管理人员对公司投入的人力资本和所发挥的作用，根据市场规律应得到相应的回报，股权激励作为一种企业对价回报的方式，不仅能够长期激励管理人员，还能约束他们可能的机会主义行为。

首先，人力资本所有者通过参与分享公司的剩余索取权，同物质所有者一样享受投资者的权利，从而获得激励。这种安排使得人力资本所有者更加关注公司的长期发展，因为他们的利益与公司的成功紧密相连。

其次，股权激励的实现需要经过一段时间，这意味着人力资本所有者不能立即获得期权的收益，相反，他们在相对较长的时间内分批获益。这种安排使得他们的预期收益在一定期间内"抵押"给了企业，从而降低了人力资本所有者的道德风险，这种方式在一定程度上解决了企业中人力资本价值承认与资产专用性问题。

（三）企业的最终绩效依赖于人力资本和物质资本的有效结合

实施股权激励等收益分享机制，对企业所有权结构产生重要影响，紧密联结了自身利益与股东利益，这种自我激励的方式能最大化地挖掘企业的盈利机会和规避不利情况，更专注于股东利益和公司长远发展。股权激励对经营管理人员和科技人员产生长期激励作用，其实质在于承认管理和技术要素是企业重要资本。

（四）期权是人力资本理论的实验载体

期权是以现代人力资本理论为基础的，人力资本理论可以阐释期权分配的合理性，也为期权分配找到了一种存在的理论根据，期权的存在反过来又为人力资本理论提供了理想的实验载体。一方面，期权的存在使得资本从存在形式上进一步分工，分成人力资本和物质资本两大类，而且在资本的收益形式上，期权人力资本与物质资本完全一致，都采取了一种剩余收益的形式。另一方面，期权的存在又使得人力资本与不享受期权的普通人力（非资本）区别开来，后者依然采取传统的回报形式。根据期权的概念，人力资本仅限于获取期权剩余收益的那部分，是指对于管理要素和技术带来的剩余收益的分享，而非普通人力。

四、利益相关者理论

利益相关者理论（Stakeholder Theory）是由爱德华·弗里曼（Edward Freeman）于1984年提出的理论，该理论强调企业不仅要关注股东的利益，还需兼顾与企业有直接或间接利益关系的其他相关方的权益。利益相关者理论试图通过平衡企业内外部利益相关者的需求和目标，促进企业的可持续发展和长期价值创造。利益相关者理论的核心内容包括：（1）利益相关者是指"能够影响组织目标实现，或受组织目标实现过程影响的个人或群体"，利益相关者可以分为内部利益相关者和外部利益相关者；（2）企业的多元目标，即企业不仅承担股东利益最大化的责任，还需要平衡所有相关方的利益需求，确保企业行为的合法性、道德性和社会责任；（3）企业与利益相关者之间存在相互依存关系；（4）利益相关者理论的关键原则包括利益平衡原则、利益优先原则、共同创造价值原则。

根据上述理论，经理人作为企业兴衰的关键利益相关者，合理设计其薪酬收入，是实现企业长远发展的关键。经理人薪酬制度设计应激发其创造积极性，满足企业利益相关者整体利益。实施经理人股权激励，可使其利益与企业长远利益一致，通过平衡各利益相关者的利益关系，增强企业的稳定性和可持续发展能力。

五、高层梯队理论

高层梯队理论（Upper Echelons Theory），又称"高阶理论"，由唐纳德·哈姆布里克（Donald Hambrick）和帕特里夏·梅森（Phyllis Mason）于1984年提出。该理论认为，企业的战略选择和绩效表现在很大程度上受到高管个人特征的影响，这种影响既来自高管的认知基础和价值观，又源于其个体特征（如年龄、性别、教育背景、任期等）。高层梯队理论是战略管理领域的重要理论框架，强调"高管是谁"决定了"企业会成为什么样"。高层梯队理论的核心内容包括：（1）高管特征对企业战略和绩效的影响，高管的特征（如年龄、性别、教育背景、职业经验等）影响其认知和价值观，而认知和价值观直接影响企业战略决策和行为；（2）高管特征的维度，包括人口统计特征（年龄、性别、种族、教育水平、职业背景、任期等）、心理特征（风险偏好、认知能力、价值观、动机等）、社会资本（高管的关系网络、声誉、社会地位等）；（3）高管特征与战略决策的关系，如高风险偏好的高管倾向于采用激进的战略（如高研发投入、扩张性投资）、高学历背景的高管通常具有更强的创新倾向和技术接受度、年轻高管可能更具冒险精神，而年长高管可能更注重稳定性；（4）高管特征的影响效应会受到组织内、外部情境因素的调节；（5）团队视角，理论强调高管团队的多样性如何影响组织决策。

根据高层梯队理论，公司领导层需合理构建高层管理团队，因不同背景的管理者具有不同的价值观和认知，这些差异直接影响工作中的沟通和合作，进而间接影响决策，如企业的盈余管理行为。

六、管理层权力理论

管理层权力理论（Managerial Power Theory）是由美国学者卢西安·贝布楚克（Lucian Bebchuk）和杰西·弗里德（Jesse Fried）于2003年提出，该理论旨在解释高管薪酬设计与管理层权力之间的关系，强调高管在薪酬协议中拥有重要的话语权，这种权力可能导致薪酬设计更多地满足高管自身利益，而非股东利益。管理层权力理论质疑了传统的最优契约理论（Optimal Contract Theory），认为薪酬合同并不总是为了实现企业价值最大化，而是高管权力与治理结构博弈的产物。

管理层权力理论的核心内容包括：（1）高管权力的来源，包括职位权力（高管处于企业管理的核心位置，能够影响薪酬委员会的决策）、信息优势（高管比外部董事和股东更了解企业内部情况，从而利用信息不对称为自身谋利）、董事会结构；（2）权力与高管薪酬的关系，高管利用权力可能使薪酬设计偏离最优契约原则，增加不合理的薪酬成分；（3）薪酬攫取效应，高管利用权力在薪酬设计中获取不对称收益，为了减少股东和公众的批评，高管可能通过复杂的薪酬结构掩盖实际利益；（4）管理层权力的治理影响，高管权力过大会削弱薪酬机制的激励效果，甚至损害企业价值。

七、声誉理论

声誉理论（Reputation Theory）是一种在管理学、经济学和社会学中广泛应用的理论框架，关注组织或个人因行为积累的声誉如何影响其未来的行为决策和利益。声誉作为一种无形资产，是个体或组织在利益相关者之间形成的长期印象和信任，它不仅是一种资源，也是一种约束力，能在很大程度上影响行为选择、利益分配和战略决策。声誉理论主要包括以下观点。（1）信号传递。声誉可以视为一个信号，向市场或社会传递关于一个人或组织的品质、可靠性和其他重要属性的信息，例如，在商业交易中，良好的声誉可以减少交易成本，因为它减少了合作方对彼此行为的不确定性。（2）长期利益。维护良好的声誉通常需要长期的努力和连贯的行为表现，个体或组织可能会牺牲短期利益，以保持长期的良好声誉，从而在未来获得更大的收益。（3）信誉惩罚与奖励。声誉理论强调，声誉好的个体或企业在市场上会受到奖励，如获得更多的客户信任或更优惠的合同条件，相反，一旦声誉受损，个体或企业可能会遭遇严重的惩罚，如失去客户或合作伙伴。（4）复杂的社会互动。声誉建立在持续的社会互动之上，这些互动可以是直接或间接的，社会中的其他成员通过观察一个人的行为或听取他人的评价来形成对该人的声誉判断。

八、信息不对称理论

信息不对称理论（Asymmetric Information Theory）是一个在经济学和金融学中非常重要的概念，由诺贝尔经济学奖获得者乔治·阿克洛夫（George Akerlof）在 1970 年提出，并由迈克尔·斯彭斯（Michael Spence）和约瑟夫·斯蒂格利茨（Joseph Stiglitz）等人进一步发展。该理论认为，在许多经济交易中，交易双方掌握的信息是不对称的，即一方拥有的信息多于另一方，这种不对称性会导致市场效率下降和资源配置失灵。信息不对称理论的核心内容主要包括：（1）信息不对称的定义，信息不对称指在交易或决策过程中，交易双方掌握的信息存在不平衡的现象，如经理层比股东更了解企业经营状况；（2）信息不对称的后果有逆向选择（adverse selection）、道德风险（moral hazard）、信号传递（signaling）与筛选机制（screening）。

在公司治理中，股权激励计划通常被用作一种机制，以减少公司高管（代理人）与股东（委托人）之间的信息不对称。通过将高管的部分报酬与公司的股价或业绩挂钩，激励高管作出对股东利益一致的决策，这样的激励机制鼓励高管增加企业价值，并减少他们从事对股东不利行为的可能性。

在信息不对称的背景下，管理层可能利用他们掌握的内部信息，通过盈余管理手段来误导或影响外部投资者的决策，从而实现个人利益，例如，管理层可能会通过提前确认收入或推迟费用的确认来美化财务报表，以达到奖金标准或股价目标，这与股权激励计划直接相关。

第二节　相 关 概 念

一、高管

高管即高级管理人员，是指企业或组织中负责战略规划、重大决策制定以及关键管理任务执行的高级职位人员。他们在企业内部具有重要的权力与责任，直接影响企业的运营绩效和长期发展。本书主要研究的激励对象是高管，"高管"或"管理者"的定义参考我国上市公司股权激励计划中的相关界定，包括董事、总经理、副总经理、财务总监等公司认定的高级管理人员。

二、股权激励

（一）含义

股权激励是一种企业通过授予员工公司股权或者股权收益权的方式，使员工与企业形成利益共同体，从而激发员工积极性、提升工作效率、推动公司长期发展的激励机制，它是现代企业管理中常用的一种长期激励手段，尤其在初创企业、高科技企业及快速发展的企业中广泛应用。

股权激励也具备一定的约束作用。当激励对象拥有公司股权或增值权时，他们也需要承担公司的经营风险，这种风险意识能够约束他们的工作态度和行为，例如，在限制性股票模式下，如果激励对象在有效期内离职，他们会损失一定数量的经济利益。

（二）股权激励要素

1. 激励对象

激励对象是指股权激励方案的主要作用对象，通常包括企业的核心业务骨干和核心管理团队，人力资源作为企业创造有竞争力产品和增加企业价值的根本动力，对激励对象的选择直接关系企业的绩效和未来发展。本书研究的激励对象主要是高管。

2. 激励模式

股权激励模式即激励工具的选择，需要结合企业的现金流、治理结构、所有权性质及激励对象的特点来进行选择。股权激励模式主要包括股票期权、限制性股票、业绩股票、虚拟股票、股票增值权等。在我国上市公司的实际应用中，前两种模式最为普遍，这些不同的股权激励模式具有各自的特点和作用，它们共同的目的是实现激励和约束双重效果。

（1）股票期权模式。股票期权激励是一种常见的股权激励方式，指公司授予员工在未来某一时点以预先确定的价格（即行权价）购买公司股票的权利（而非义务），这种激励方式旨在通过员工与公司利益的绑定，激发员工的工作积极性，推动公司长期发展。这种模式的特点是收益与风险的不对称性，如果公司股价在行权期高于行权价，员工可以行权获利；相反，如果股价低于行权价，员工可以选择放弃行权，避免损失。这种不对称性可能导致管理层在股票期权模式下具有较强的盈余管理动机，特别是为了实现行权利益而可能采取盈余管理行为。

（2）限制性股票模式。限制性股票模式是指公司向员工授予一定数量的限制性股票，这些股票在规定时期内不能出售或转让，从而紧密绑定股东利益与激励对象利益。这种模式通常规定解锁期和限售期，并要求高管达到特定考核目标后方可解锁股票并在一定期限内出售以获利。在解锁期和限售期的约束下，高管如果进行盈余管理，可能无法达到解锁条件，从而导致持有的激励股票价值受损，因此限制性股票模式下高管的盈余管理动机较弱。即使股价下跌，限制性股票持有者的股份仍具有一定价值，只是价值有所下降。因此，高管通常会采取稳定的经营和投资策略，以确保顺利获得和出售激励股份。这种模式的优点是降低员工风险，激励员工长期关注企业发展；缺点是股价上涨时员工可能无法获得全部收益。

（3）业绩股票模式。业绩股票模式是一种基于绩效表现的股权激励形式，指企业根据员工个人或团队的绩效目标完成情况，授予一定数量的股票，授予数量通常与员工的业绩考核结果直接挂钩，其目的是激励员工实现更高的业绩目标，同时将员工利益与公司发展相绑定。这种模式的特点包括：业绩股票的授予与员工的工作绩效或公司整体的经营目标紧密挂钩，例如年度净利润增长、营收目标或市场份额等；员工需通过优异的业绩表现来获得股票，从而激励员工为企业创造更大价值；通过授予业绩股票，员工的收益与公司长期发展挂钩，形成利益共同体。

（4）员工持股计划模式。员工持股计划模式是指公司通过设立员工持股会或直接向员工发放股票，使员工持有公司股份，从而分享公司收益。员工持股计划不是股权激励的范畴，但是员工持股计划和股权激励的本质和目的具有相似性，这两种方式都是赋予企业员工一定的股权并设定相应的解锁行权要求，使得企业员工与股东的利益一致化，公司通过设立员工持股计划，使得部分核心员工成为公司的合伙人，鼓励其为公司的利益目标有效服务，促使双方价值创造更加长期化，实现公司的可持续发展。这种模式的优点是可以提高员工的归属感和忠诚度，同时也可以增加公司的融资渠道；缺点是如果员工离职或离开公司，可能会对公司的股权结构造成影响。

（5）虚拟股票模式。虚拟股票模式是一种基于虚拟股票的股权激励方式，指公司通过授予员工"虚拟股票"的形式，让员工享有类似真实股票的经济权益（如分红或股价增值收益），但员工并不实际持有公司股份或股东权益。这种激励方式不改变公司股权结构。虚拟股票激励的特点包括：虚拟性，虚拟股票仅代表一份权益单位，不是真实的股票，员工不享有投票权等股东权利；经济收益权，员工通过虚拟股票享有与公司业绩相关的分红或股票增值收益，收益以现金支付；灵活性，计划可以根据企业的实际情况设定，例如收益计算方式、兑现条件等，实施简单；低风险性，员工无需投入资金购买股票，不承担股票市场波动的风险。

（6）股票增值权模式。股票增值权模式是指公司授予员工在未来某一特定时间以特定价格购买公司股票的权利，但不需要支付购买股票的款项。当达成目标或满足考核条件时可以行使这个权利，将约定数量股票的增值部分作为奖金直接发放给激励对象；但是如果未达到目标或放弃行使权利，那么股票增值部分就不会发放给激励对象。股票增值权本质上也是一种股票期权，只是结算方式由以标的股票（权益）结算变更为以现金结算，股票增值权是企业利润的直接分配。所以，在股票增值权这种激励模式下，激励对象获得的收益是以本企业股价上涨为基础的，这也会促使被激励对象不断努力工作，创造价值，为企业尽心尽力，从而促使公司股价上涨，实现利益共享。这种模式的优点是可以激励员工更加关注公司的长期发展；缺点是如果股价下跌，员工可能无法获得收益。

（7）干股模式。干股模式是指公司授予员工一定数量的干股，员工无需支付对价，且不享有表决权和分红权等权利。这种模式的特点有：无实际股权，干股仅代表分红权或收益权，员工不享有股东身份、投票权或公司管理权；员工无需出资购买股份，直接参与收益分配；收益与业绩挂钩，干股的收益通常与公司经营业绩挂钩，激励员工关注公司长期发展；不稀释股权，干股不会影响公司现有的股权结构，避免稀释现有股东权益。

3. 激励数量

激励数量是指在股权激励方案中，授予激励对象的普通股股数或激励对象可按规定价格认购的股票数量，这是衡量激励力度的直接指标。然而，激励数量的总额应符合相关规定，不能超过公司总股本的10%，这一限制确保了股权激励的合理性和公平性，防止过度稀释其他股东的股权。

4. 激励期限

激励期限是指企业在实施股权激励计划时，为员工所授予的股权或期权权益设定的有效时间框架，涵盖从计划设立到权益完全兑现的整个时间段。激励期限反映了股权激励计划的有效时间长度，即整个方案的有效期。有效期的长度对股权激励效果有重要影响。激励期限的设定旨在通过时间约束，平衡员工的短期激励与公司长期发展的需要。激励期限包括授予期（从激励计划出台到正式授予员工激励权益的时间）、锁定期（指员工在获得激励权益后，需等待一段时间才能解锁或兑现这些权益的期限，在此期间员工不能行使期权或出售所授予的股票）、行权期（指员工在满足锁定期及相关条件后，可以行使期权或解锁权益的时间段）、激励计划终止期限（某些激励计划会设定一个最终有效期限，超过此期限未行使的权益将作废）。

5. 行权价格

行权价格是指激励对象在满足激励方案中规定的业绩条件后，购买股票的约定价格。不同激励模式下，行权价格的含义各有不同。在股票期权模式下，它是事先确定的购买价格；而在限制性股票模式下，它指的是认购价格。行权价格对激励对象是否行权有重要影响。

6. 行权条件

行权条件是指在股权激励计划中，员工能行使期权、解锁限制性股票或获得其他激励权益所必须满足的特定要求或标准。这些条件通常与员工的工作表现、服务年限及公司的经营业绩挂钩，其目的是确保员工与企业的长期利益保持一致。多数企业选择净利润增长率等关键财务指标作为业绩考核条件，如果条件过于宽松，可能会使股权激励丧失激励效应，甚至被视为高管和核心团队谋私利的手段，过于严格的条件则可能导致股权无法解锁，使方案名存实亡。因此在设计行权条件时，企业需全面考虑经营状况、发展需求及行业环境，确定最适合企业的行权条件。

（三）股权激励目的

1. 激励员工

股权激励制度使被激励者拥有企业的部分股权，并通过股权将其利益与企业及所有者的利益紧密联系，这种制度一方面可实现对经营者的长期激励，促使他们积极工作，实现企业目标，努力使企业和股东利益最大化；另一方面，通过股权安排提高员工积极性和责任感，提升生产力和资本运作效率，增强企业凝聚力，降低监督成本。

2. 吸引并留住人才

实施股权激励机制不仅让员工分享企业成长的利益，增强归属感和认同感，而且激发其积极性和创造性。员工离开公司或存在不利于企业的行为时，他们将失去股权激励带来的收益，从而增加了离职或犯错的成本。因此，股权激励计划有利于留住和稳定人才队伍。

3. 约束作用

股权激励制度的约束力主要体现在两方面：首先，被激励者与所有者形成企业利益共同体，经营者若未尽职或损害企业利益，则须与其他股东共同承担损失；其次，通过设置合理的期限和数量，增加离职的机会成本，限制被激励者离职。

4. 提高公司治理水平

股权激励计划使员工更加关注公司长期发展，从而提高公司治理水平。有效的公司治理结构促进企业高效资源配置和目标达成。一方面，在所有权与经营权分离的委托代理制下，股权激励通过绑定公司、原始股东和经营者的利益，减少代理成本。另一方面，实施股权激励过程中需建立一系列公司治理机制和组织机构，吸纳优秀专业人士和核心管理层参与公司治理，以此提高公司治理水平。

（四）股权激励的实施程序

股权激励的实施程序通常包括以下步骤。

（1）公司薪酬与考核委员会根据公司的战略目标和激励需求，拟定股权激励计划草案，包括激励对象范围和名单、激励方式（如股票期权、限制性股票、虚拟股票等）、激励数量、行权条件、锁定期和行权期、绩效考核标准与目标。聘请法律顾问审查激励计划的合法性，确保符合《公司法》《证券法》及其他相关法律法规。

（2）薪酬委员会将拟定的股权激励方案草稿提交董事会审议，董事会应重点审查激励方案是否符合公司长期战略目标以及股权激励对公司股权结构和财务状况的影响。独立董事对方案的合法性、合理性和可行性发表书面意见，确保计划公平公正。

（3）由公司股东会进行决议。由于激励计划涉及公司实际股份变更，可能通过增资或原股东出让股份实施，被激励对象行权后成为新股东，因此需经股东会决议才能实施。根据《公司法》，未经股东会决议不能实施股权激励计划。而有些股权激励模式，如虚拟股票模式，则不需变更实际股份，只需公司高层决策者通过。

（4）股权激励计划方案通过股东会决议后，通常公司组织召开方案说明会，由薪酬委员会或外部顾问向激励对象详细解释计划内容，包括激励的方式、权益和行权条件、解锁与收益兑现的程序、员工的权利和义务等。随后，激励对象与公司签订正式的股权激励协议，明确各方权利和义务。若激励计划涉及增资或股东股份转让，公司需完成工商变更登记。

（5）绩效考核与行权管理。按计划设定的行权条件，对激励对象进行绩效考核，确保只有符合条件的员工才能解锁权益。激励对象在满足行权条件后，可根据规定支付行权价格或选择收益兑现。

（6）监督与跟踪。薪酬委员会和独立董事需对激励计划的实施进行持续监督，确保其公平性和有效性。公司定期评估激励计划的实施效果，判断是否达成激励目标，并根据需要调整激励计划。

三、盈余管理

（一）盈余管理的含义

在现代企业中，基于委托代理理论，所有权与经营权被分离。企业股东拥有所有权，但不直接参与企业运营，而是雇佣职业经理人处理日常事务，这种安排产生了信息不对称，管理层拥有更全面的信息，而股东、债权人、潜在投资者等其他利益相关方则由于通过公开的财务报表了解企业，获取的信息有限。管理层与这些利益相关方的利益诉求常常不一致，当利益出现分歧时，内外部的巨大信息不对称性给予管理层实施盈余管理的空间。盈余管理本质上是一种误导行为，对利益相关方有害。

在本书中，盈余管理（earnings management）被定义为：公司高管在国家规定的会计准则和其他相关法律法规允许的范围内，利用多种方法和手段控制或影响公司财务报告的盈余状况，包括选择对自身有利的会计估计和会计政策进行报告，或通过构造真实的交易活动来"美化"财务报告，其目的是误导或损害依赖企业经营业绩决策的相关利益者，或影响基于财务报告中的会计数据的相关契约设计，最终实现增加高管个人利益的目标。

（二）盈余管理方式的选择

上市公司管理层采取的盈余管理方式主要有三种，包括应计盈余管理、真实盈余管理和分类转移盈余管理。应计盈余管理主要通过会计政策和估计调整，如应收应付项目、减值准备、折旧计提等，来调节与营业相关的短期利润。真实盈余管理则是通过控制实际交易活动如经营成本和费用支出，来平滑或提升短期绩效。分类转移盈余管理是在不改变净利润的前提下，通过改变利润表项目分类或调整非经常性损益项目，来增加企业核心利润。

（三）盈余管理的动机

盈余管理的动机因涉及众多利益方、会计准则变化、市场监管加强以及新契约和信息手段出现而变得复杂。国内外研究者对盈余管理动机的研究多从特定动机出发。根据现有研究，盈余管理的动机大致可分为以下几类。

1. 资本市场动机

企业为了在资本市场上获得更高的认可，可能进行盈余管理，包括：（1）满足市场预期，避免因未达到分析师或投资者的盈利预期而引发股价下跌，维持业绩增长的正向趋势，吸引更多投资；（2）优化财务指标，提高每股收益（EPS）、净资产收益率（ROE）等关键指标，增强投资者信心；（3）促进融资成功，在股票发行、债券发行或银行贷款过程中，通过盈余管理提升财务表现，降低融资难度或成本；（4）达到上市财务标准和提高估值，在 IPO 或再融资时，通过盈余管理调整财务指标以符合证券交易所要求，在上市过程中展示更高的盈利能力，吸引更多投资者，提高估值水平。

2. 契约动机

企业与外部利益相关者（如债权人、供应商等）的契约约定可能促使盈余管理行为，包括：（1）避免债务违约，满足贷款协议中对财务比率（如资产负债率、流动比率等）的要求，避免违约或提前偿债；（2）履行商业契约，在供应商合作或客户合同中，维持盈利能力或信用评级，以保持商业关系；

（3）管理薪酬激励，一些管理层薪酬方案与利润指标挂钩，盈余管理可直接影响管理层的奖金、期权等收益。

3. 内部治理动机

企业内部治理机制可能影响盈余管理的动机。包括：（1）维护管理层地位，通过盈余管理维持良好的财务表现，防止被董事会或股东质疑经营能力；（2）调整股东收益，在多元化股东背景下，通过盈余管理满足特定股东的利益需求；（3）盈余分配，企业可能通过盈余管理影响分红政策或利润分配，稳定分红水平，调整当期盈余以保证股东期望的分红政策，控制分红成本，通过盈余管理减少可分配利润，降低分红支出。

4. 政府监管动机

企业可能为了应对政府监管或获取政府支持而进行盈余管理。包括：（1）获取政策支持，展示良好的财务状况以申请政府补贴、税收减免或其他优惠政策；（2）减少监管压力，调低财务指标以避免高利润带来的过度监管或不必要的关注。

第三节　股权激励相关文献综述

一、股权激励动因的研究综述

股权激励的动因，根据不同学者的研究视角分为多种观点，主要包括降低委托代理成本、吸引及稳定核心员工、鼓励创新提升企业业绩三大类。

（1）对于降低委托代理成本的动因而言，有研究认为，企业实施股权激励的目的是通过绑定股东与代理人的利益关系，降低代理成本（Jensen and Murphy，1990）。沈小燕和王跃堂（2015）通过实证研究发现，随着代理人股权的增加，其目标与企业所有者的目标趋于一致，缓解了委托代理矛盾，降低了代理成本。杜跃平和徐杰（2016）认为，通过股权激励，代理人为实现自身利益最大化，会积极推进企业战略目标，这与企业所有者的目标相似，能够缓解委托代理矛盾。

（2）对于吸引及稳定核心员工的动因而言，有学者研究表明企业实施股权激励的主要原因是吸引和留住优秀员工（Tzioumis，2008），股权激励的主要动机在于绑定核心员工，降低离职率，而激励员工的动机并不明显（陈艳艳，2015）。彭茶芳（2019）也认为合理的股权激励方案可以通过股权带来的潜在收益来吸引并留住人才，这种收益分配方式使得核心员工的利益与企业未来发展状况紧密结合，员工在工作时更有动力，能够提高企业的核心竞争力。

（3）对于鼓励创新提升企业业绩的动因而言，通过股权激励，企业管理者们会更加积极地投资于产品开发、技术改造，以提高研发和创新的能力（Bulan and Sanyal，2011）。邱丹平（2020）研究结果表明，在 2006～2016 年，我国的上市企业的股权激励措施越多，企业增长就越快。杜建菊和朱沛文（2020）研究表明通过代理成本的中介变量，企业实施股权激励计划能够有效提高绩效。王怀明和钱二仙（2021）研究表明增强对核心员工的股权激励，可以明显改善企业的创新产品的数量及其质量。

二、股权激励对企业绩效影响的研究综述

1. 股权激励与公司业绩正相关

多项研究表明，股权激励与公司业绩之间存在显著的正相关关系。刘红和张小有（2018）指出，股权激励的有效实施能够对企业绩效产生积极影响，通过股权激励机制，企业可以加大对研发的投入，进一步促进业务增长（李战奎，2017）。张裕泳（2019）基于 2013～2017 年 500 多家中国上市企业的数据，采用多元线性回归模型，验证了股权激励对企业业绩的促进作用，结果表明实施股权激励的企业业绩显著提高。

此外，有研究进一步揭示了股权激励对企业高质量发展的积极作用，李姝和金振（2022）以 A 股上市公司为样本，研究发现，员工持股计划能够显著提高企业的全要素生产率。罗华伟和蔡琳雅（2022）对 2005～2020 年我国央企控股上市公司的数据进行主成分分析后发现，不同股权激励方式对企业高质量发展的影响存在差异。在功能定位明确的企业中，股权激励的正面效应有所

减弱，但通过优化激励方案，仍能多管齐下推动企业高质量发展。他们建议更多采用股票期权和限制性股票等形式的人才激励方式，并加快商业竞争类企业的股权激励布局。吴君民和洪子祎（2023）以"新发展理念"为指导，构建上市公司高质量发展的综合评价指标体系，通过双重差分法分析上市公司在实施股权激励或员工持股计划前后的发展数据。他们的研究结果表明，股权激励对上市公司高质量发展的正向激励效果显著优于员工持股计划，这表明股权激励的实施有助于推动上市公司实现更高水平的发展。

2. 股权激励与公司业绩负相关或无显著相关性

尽管大量研究支持股权激励的积极效应，但也有学者认为，股权激励与公司业绩之间可能呈负相关或无显著相关性，当公司管理层持有过多股份时，他们可能会滥用自身权力，导致公司资源浪费甚至潜在的财务损失（Fama and Jensen，1983）。项靖（2019）对39家采取股权激励措施的企业进行了分析，结果发现其财务状况、经营收益及偿债能力均未得到显著改善，这表明部分企业的股权激励措施并未带来预期效果。李书锋等（2020）进一步指出，目前我国股权激励的实际水平较低（平均水平仅为13.1%），无法充分调动高管的积极性，从而导致股权激励的实施成效有限，这种情况反映了在一些企业中，股权激励方案设计不合理或激励力度不足的问题。

3. 股权激励与公司业绩"U"型相关

一些学者发现，股权激励与公司业绩之间并非简单的线性关系，而是呈现"U"型或倒"U"型的特征。范合君和初梓豪（2013）提出，在盈利水平较高但管理层持股比例较低的企业中，管理层持股比例对企业绩效的影响呈倒"U"型，这意味着，股权激励的正面效应在一定比例内显著，但超过阈值后可能由于权力过度集中而削弱其效果。陈文强（2016）的研究则指出，股权激励的影响随时间推移也呈现倒"U"型，即在激励实施的初期，企业业绩得到显著提升，但随着时间延长，激励效应可能逐渐减弱甚至逆转。李春玲和聂敬思（2018）以技术密集型企业为研究对象，发现股权激励规模与业绩之间存在倒"U"型关系，这表明，当股权激励规模适中时，可以有效提升业绩，但过度激励可能导致资源浪费或短期化行为，从而对企业绩效产生负面影响。

三、股票期权和限制性股票相关比较研究综述

在成熟和发达的资本市场，股票期权作为一种重要的股权激励模式应用广泛。国外学者的研究多集中于股票期权，对股票期权与限制性股票两种模式的比较研究相对较少。早期研究通过构建最优模型分析两种模式的激励效果差异，例如学者研究发现，在高管努力仅影响公司产出均值的情况下，限制性股票的激励效果优于股票期权；而当高管努力同时影响公司产出均值和方差时，股票期权的激励效果则更显著（Feltham and Wu，2001）。之后有学者对此模型进行了修订，加入了限制性股票与股票期权的组合模式，发现不同股权激励模式的激励成本存在显著差异，他们指出，在相同努力情况下，限制性股票模式的激励成本最高，而股票期权的激励成本相对较低，因此得出了股票期权更优的结论（Lambert and Larcker，2004）。此外，有学者发现，采用股票期权的规模和占比越高，企业的盈余质量越好，股票期权在激励模式中的优越性更明显（Wu，2009）。在探讨信息操纵下的最优高管薪酬时，研究发现，尽管信息操纵与期权报酬规模呈正相关，但操纵努力并不完全取决于报酬规模，在大多数情况下，最优的高管薪酬方案应包括股票期权，而非限制性股票，这些研究表明，股票期权在激励高管努力、降低代理成本和提升企业业绩方面具备明显优势（Wu，2011）。

中国资本市场采用的股权激励模式种类较多，学者们对不同股权激励模式的对比研究相对更为丰富，更多关注各自的特点、风险及适用性。中国股权激励的研究可分为股权分置改革前后两个阶段。在股权分置改革前，股权激励在国内尚处于起步阶段，研究重点多集中在模式选择及其对公司治理结构的影响；股权分置改革后，随着股权激励制度的完善和实践的深入，研究内容逐渐丰富，涵盖了股权激励对公司业绩、管理效率、员工行为等方面的影响。

在我国股权分置改革之前，股权激励模式种类繁多，导致对不同股权激励模式的比较研究结论存在差异，这主要是多种股权激励模式按照不同的标准进行分类造成的。例如，徐文新（2003）将股权激励模式归纳为股票期权、限制性股票、业绩股票、虚拟股票、股票增值权、员工持股计划等，并进一步将

这些模式分为现股激励、期股激励、期权激励三大类，他从激励股票的增值收益权、存在的风险、拥有的表决权和分红权等方面比较了不同股权激励模式的权利义务关系、股权价值及激励导向。研究表明，无论是现股激励还是期股激励模式，都遵循"收益共享、风险共担"的原则，即企业高管在获得激励收益的同时，也面临股权价值降低的风险，这促使高管努力工作，并采取稳健的经营策略，减少企业的过度冒险行为。由于企业高管的风险承受能力和投资能力有限，通常该模式下不会授予过多股权，因此降低了激励效果。相比之下，股票期权模式下，企业高管通常不承担风险，对于期权数量的规定也不受高管的风险承受能力限制，因此提高期权授予数量可以带来较大的杠杆激励作用，使得高管更加勇于创新与冒险，但也可能导致高管的过度冒险行为。周建波和孙菊生（2003）研究表明，强制经营者持股、用年薪购买流通股以及混合模式这三种模式的激励效果较好，主要原因是这些模式要求经营者用现金购买企业流通股，形成一种硬约束，从而使高管更加勤勉地工作。相比之下，业绩股票和股票增值权的激励效果较差，主要是由于在我国上市公司实际实施中存在一些问题，例如，在业绩股票模式中，经理人往往为自己设定容易达成的业绩目标，而在股票增值权模式中，增发、配股等方式使净资产增值的成本显著降低，导致激励效果大打折扣。向祥华和吕昌会（2004）发现，在传统激励模式下，如果给予经营者的奖金收入占公司总收入的比例足够大，其激励效果并不会逊色于股票期权激励，特别是在股票价格不能反映经营者努力程度的情况下。然而，股票期权激励具有许多传统激励模式无法企及的优点，如税收优惠、低成本激励等。因此，在选择激励模式时，公司股东不仅考虑激励效果，还会考虑公司的长期价值和现金流等因素，使得许多公司倾向于采用股票期权激励模式。

自 2006 年股权分置改革完成后，股票期权和限制性股票成为中国上市公司中的主要股权激励模式，相应的研究也开始集中在这两种模式的比较上。付强和吴娓（2005）对这两种模式进行详细比较分析，指出它们在赠予股份数量、收益与风险大小、是否需要员工自身出资以及税收待遇等方面存在明显差异，并提出对于企业高层管理人员，股票期权作为薪酬规划的一部分更为适合；而对于普通员工，则可以考虑实行限制性股票。杨慧辉（2008）采用委托代理模型，以风险中性股东和风险厌恶经理人为基础，分析了这两种模式的激励作用，认为当限制性股票无偿赠予经理人时，股票期权的激励作用大于限制性股票。李曜（2008）从权利义务的对称性、等待期和锁定期、行权价和授予价格等多个方面对两种模式进行了全面的比较，并采用事件研究法分析了两种模式在证券市场的反应，发现市场对股权激励的反应总体为正面，且股票期权的公告效应更为显著，而限制性股票的市场效应并不明显，因此认为限制性股票的激励作用优于股票期权，并建议上市公司应大力引导和鼓励选择限制性股票模式。刘浩和孙铮（2009）从激励效果、会计处理和税收影响三方面对两种模式进行比较，指出股票期权可能导致经理人冲动投资，且具有修饰财务报表的企图，同时会增加税收支出。沈小燕（2013）基于2005～2012年中国A股上市公司的统计分析，得出股票期权并非最适合中国上市公司的股权激励模式的结论，认为限制性股票激励模式明显优于股票期权和股票增值权模式。有学者研究发现，在规模较小的公司中，股票期权激励能有效减少代理成本（Belghitar and Clark，2015）。杨力和朱砚秋（2017）比较了两种模式，发现股票期权会负向影响股权激励效果。欧丽慧等（2018）在对A股上市公司实证检验后发现，股权激励对公司业绩没有明显正向促进作用，但相对于限制性股票，股票期权具有更好的激励作用。王晶（2023）认为股票期权和限制性股票是股权激励的主要方式，但由于行权价格、授予价格和数量、解锁期不同，二者权利属性也有所差异，股票期权受益对象一般选择在有利于自身利益，也就是股票价格有利情况下行权；限制性股票获授对象在行权过程中没有选择权，股份激励前提下，公司股价上升会获得相应的收益，而股价下跌，利益将会受到损失。近年来，学者们开始关注股权激励模式与企业投资之间的关系。例如，汤萱等（2017）得出股票期权模式对企业资本投资效率的影响更显著。李小娟（2017）认为相较于限制性股票，股票期权在控制企业过度投资方面更为有效，但对投资不足无显著影响。潘文强和孙莹（2023）分析我国上市公司实施股票期权激励模式和限制性股票激励模式时面临的定价问题，将两种激励模式视为特殊的复式期权，研究了Knight不确定环境下的金融市场，利用倒向随机微分方程以及时间－风险折现方法，构造复式期权动态定价模型，利用随机过程的有关知识求出该模型的显式解，得到两种股权激励模式的动态定价区间，并通过实验分析验证了该模型的适用性和准确性。

上述研究反映了股票期权与限制性股票在激励效果、风险承担、财务和税收处理、适用性和效果等方面各有不同，这些研究为上市公司股权激励模式选择提供重要参考。

四、股权激励模式选择影响因素的研究综述

股权激励模式的选择受多种因素影响，学者通常从公司特征角度切入，从成长性、企业规模、现金流、资产负债率、股权结构等维度，通过实证分析探讨其作用机制。尽管国内外研究在角度和方法上具有相似性，但因制度环境和市场条件的差异，得出的结论存在不一致。

（1）公司成长性与股权激励模式。成长性被认为是影响股权激励模式选择的重要因素。然而，不同研究对成长性与模式选择的关系得出了相反的结论。例如，早期有学者研究表明，公司的成长性会影响股权激励模式的选择偏好，成长性较高的公司倾向于采用限制性股票激励模式（Bryan et al.，2000），而有的学者与其研究相反，他们发现成长性较高的公司更倾向于使用股票期权激励模式（Hall and Murphy，2002）。国内学者徐宁（2010）的研究表明，企业的成长性、规模以及控股股东性质对股权激励模式的选择具有显著影响，企业应充分考虑自身特征，找到利益平衡点，以有效实施股权激励。杨力和朱砚秋（2017）进一步指出，不同成长性和产权性质的公司应匹配相应的股权激励模式，以实现激励效用的最大化。许娟娟和陈志阳（2019）也支持这一观点，他们发现公司所属行业、成长性和公司规模均对模式选择有显著影响。

（2）资金状况与股权激励模式。资金和现金流状况是影响股权激励模式的重要因素，当公司面临资金短缺或融资困境时，更倾向于选择股票期权模式（Core and Guay，2001）。相较于限制性股票，股票期权模式无须立即支出现金，因而对资金压力较大的企业更具吸引力。张多蕾和白茹（2019）从企业生命周期的角度分析了成长阶段与激励模式的关系，发现不同生命周期的企业应根据其成长性和资金状况匹配适合的股权激励模式。

（3）公司治理结构与股权激励模式。公司治理结构是另一个影响股权激

励模式选择的重要因素。季勇（2010）指出，高管持股比例以及董事长与总经理两职是否合一对模式选择有显著影响。徐宁和徐向艺（2012）的研究认为，公司终极控股人的性质和成长性显著决定了激励模式的选择。这些研究表明，公司治理结构的特征决定了股权激励设计需要在不同利益主体之间达成平衡。

（4）会计处理与制度因素。会计处理方式及外部制度变动对股权激励模式的选择也具有显著影响，例如，2002 年之前，期权费用无须确认的规定使得股票期权模式盛行，但《萨班斯－奥克斯利法案》（Sarbanes-Oxley Act，SOX）颁布后，强制性股票期权费用化实施导致期权应用数量下降，有学者利用美国上市公司数据验证了这一结论（Feng and Tian，2009）。

（5）股东与管理层的利益博弈。近年来，研究者开始从利益博弈的视角分析股权激励模式选择的动因，如陈文哲（2022）运用博弈论框架，从股东主导和管理层主导两种情境入手，探讨了股权激励模式的形成机制，研究发现，代理问题严重、投资风险较大、股价信息含量较低的企业更倾向于选择限制性股票模式，这是因为股东设置合理的业绩考核条件，才能更有效地激励管理层努力工作。此外，在高管权力较大的企业中，管理层可能偏好通过折价授予的限制性股票牟取私利，尽管如此，限制性股票在激励性和福利性之间的平衡使其仍能发挥显著的激励作用。

综上所述，影响股权激励模式选择的因素多元且复杂，这些因素共同决定了公司在股权激励模式的选择，反映了股权激励的多样性和复杂性。

第四节　盈余管理相关文献综述

盈余管理的研究自 20 世纪 80 年代中后期以来，一直是理论界和实务界关注的热点话题，至今仍广受关注。随着市场环境和制度环境的演变，盈余管理的研究广度和深度也在不断增强，这些研究成果对监管者制定相关政策、设计有效的会计准则大有裨益，同时也帮助会计信息的使用者更科学地分析和利用公司公布的盈余报告，从而提高资金的使用效率、提高资本市场效率和公平性。

目前，关于盈余管理的研究集中在盈余管理的不同方式、度量方法、影响因素及其带来的后果这几个方面。

一、盈余管理方式的研究综述

根据盈余管理行为在实践中呈现出的不同形式，可以将其划分为两种类型：一是通过操控应计项目的方式进行的盈余管理，即应计盈余管理；二是通过操控公司的实际运营活动，如生产、销售活动以及对酌量性费用支出的调整来进行的盈余管理，这种方式被称为真实盈余管理。下面分别对这两种盈余管理方式进行综述。

（一）应计盈余管理

通过总结和归纳国内外学者的研究，发现常见的盈余管理主要体现在对企业会计估计和政策的选择与变更，以及资产减值准备的选择与变更方面。

（1）在企业会计估计和政策的选择及变更方面。根据《企业会计准则》的相关规定，企业一旦确定采用特定的会计估计和政策，便不能随意进行更改，除非是当国家相关法律法规发生变化，或新修订的企业会计制度明确要求修改时，企业才能按照这些新要求进行相应的调整。然而，在企业实际经营中，企业高管经常会从个人利益的角度出发，对已经采用的会计估计和政策进行变更，例如变更存货的计量方法，这种变更往往会使公司产品或存货的期末价值偏向于有利于高管的方向，从而使高管个人利益最大化，这种操作不仅影响企业的财务报告真实性，还可能影响投资者和其他利益相关者的决策。又如变更公司的会计选择方式，以此来操纵公司的会计盈余，这些操纵行为的具体实施方式多种多样，包括但不限于变更固定资产的折旧方法、调整固定资产或无形资产的残值等，这类做法不仅涉及会计数字的调整，还可能反映出公司内部管理和治理的问题。会计估计和政策的变更行为可能会对公司的长期发展和声誉产生负面影响，虽然短期内可能带来看似有利的财务报告结果，但长期来看，频繁和随意的会计政策变更，可能会削弱投资者和市场对企业财务透明度和真实性的信任，导致投资者信心下降，影响企业的资本成本和市场估值。

（2）在进行资产减值准备的变更方面，通常的做法是比较公司资产期末的账面价值与其可收回金额，若可收回金额低于账面价值，则必须计提相应的资产减值准备，并执行相应的会计处理。在这一过程中，由于高管可能存在自利的行为倾向，因此资产减值准备的计提金额与实际所需计提的金额之间很可能会出现偏差。资产减值准备已经成为高管进行盈余操纵的方式之一，基于高管对企业利润的平滑动机，一旦公司当期的利润过高或者过低时，高管都会采用改变计提减值准备的方式进行盈余操纵，有学者也指出，IPO 公司通常会将固定资产折旧和坏账准备作为盈余管理的手段（Teoh et al.，1998），当上市公司拥有资产减值准备的会计选择权时，它们通常不会计提减值准备，或者计提的比例非常小。面对强制性的资产减值处理要求时，那些面临扭亏、配股动机或处于临界值的公司，通常会选择一种至少不降低当期收益的资产减值政策，而那些具有亏损、变更和平滑利润动机的公司，则可能会采取一种至少不降低未来收益的资产减值政策。

（3）也有学者探讨了我国上市公司的资产减值行为与盈余管理之间的联系（赵春光，2006），处于亏损状态的公司倾向于通过转回和计提资产减值的手段来进行盈余管理，目的一是避免亏损，二是进行财务报表的"大洗澡"（big bath），而那些在减值前就已盈利的公司，则可能通过转回与计提资产减值来实现利润的平滑化和盈余增长目标。同样地，代冰彬等（2007）表明公司在出现扭亏现象或有"大洗澡"动机时，通常会通过资产减值准备的方式来调整企业的盈余目标。王建新（2007）也得出了类似的结论，指出具有盈余管理动机的公司会显著地促使长期资产减值转回的发生。王生年（2008）对资产减值准备进行了更细致的划分，将其分为新增资产减值准备和资产减值准备转回，并探讨了这两类资产减值准备与应计盈余管理之间的关系，研究结果显示新增资产减值准备与应计盈余管理显著负相关，而资产减值准备转回与应计盈余管理则正相关，这也说明资产减值准备是应计盈余管理的一种方式。进一步地，李姝和黄雯（2011）探讨了新会计准则规定是否能有效抑制上市公司的盈余管理行为，发现在新会计准则规定出台之后，上市公司在计提短期资产减值准备方面的盈余管理动机明显强于长期资产减值准备。顾署生和周冬华（2016）基于现行准则，研究了不同类型的资产减值会计处理的差异性规定，以及这些规定对资产减值信息可靠性的影响，结果显示，资产减值的计提和转回过程中存在较多的盈余管理行为，导致资产减值应计的可靠性普遍低于非资产减值应计的可靠性，这说明在实际操作中，高管可能通过调整资产减值准备的计提和转回，来实现对公司财务报表的操控。张海平和吕长江（2011）从资产减值会计的角度，探讨了股权激励的实施对公司会计政策选择的影响，从盈余管理的动机出发，认为股权激励的实施显著影响了公司会计政策的选择。在股权激励实施前后，公司高管为了最大化自身利益，通常会选择操纵会计盈余，从而影响行权条件，确保激励计划的成功实施。汪猛和徐经长（2015）揭示了在货币政策紧缩期间，企业的盈余管理动机更加强烈，流动资产减值转回的行为更加频繁，这表明在宏观经济政策和市场环境的影响下，企业的财务决策和盈余管理行为也会发生相应的变化。

（二）真实盈余管理

随着企业会计准则制度的不断完善和国家相关部门监管力度的加强，上市公司高管通过应计盈余管理进行操纵的机会已大幅减少，一旦上市公司被发现存在这类操纵行为，所面临的风险和后果也随之增大。在此背景下，高管们逐渐转向采用真实盈余管理的手段，这是由于与应计盈余管理相比，真实盈余管理的隐蔽性更强，操纵空间更大，且风险相对较小。

根据国内外的研究，真实盈余管理的操纵行为主要表现在对公司的生产活动、销售活动、酌量性费用以及资产出售等方面的操控。有学者在其研究中对此做了详细阐述（Roychowdhury，2006），国内研究中，张俊瑞等（2008）选择不同类型的企业作为研究样本，分析了上市公司高管的真实盈余管理行为，结果表明在异常现金净流量和费用方面，盈利较少的公司表现出明显低于其他同类型公司的特点。而在异常生产成本方面，盈利少的公司则明显高于其他同类公司，表明盈利较低的公司更倾向于通过操纵生产、销售及费用等方面来确保盈利的实现，这表明当面临盈余管理的压力时，公司高管可能采取各种手段来调整公司的实际运营活动，而不局限于调整会计数字，如他们可能会通过过度生产来降低单位成本、推迟必要的费用支出以暂时提高盈利，这类策略虽然在短期内可能有效提升盈利表现，但长期来看可能对公司的运营效率和财务健康造成负面影响。此外，真实盈余管理的隐蔽性和操控性使得监管机构难以发现和制裁这类行为，从而降低了公司和高管面临的直接风险。

具体而言，企业真实盈余管理行为表现在以下几个方面。

第一，操控公司生产活动。高管为了实现公司的预期盈利目标，可能会通过增加生产量来降低单位成本，进而提高每单位产品的利润，这种做法能够在短期内提升公司的经营业绩，有学者支持了这一观点，指出为了降低企业的亏损程度，高管可能会采取增加生产量的策略，以此进行真实盈余管理，但这样可能会导致过剩的库存积压，从而对公司的长期财务健康产生负面影响（Roychowdhury，2006），这种操控生产活动的行为还可能导致生产资源的不合理分配和使用效率的降低，长期而言可能会损害企业的市场竞争力和核心竞争优势，同时，过度生产还可能增加企业的运营风险，特别是在市场需求不稳定或下降的情况下，过剩的库存可能会迫使企业进行低价销售，进一步压缩利润空间。

第二，操控公司销售活动。销售活动的操控主要通过改变信用政策、提供价格折扣等手段来加速产品的销售，以此快速实现当期收入，提高当期收益，从而避免或减少当期亏损。尤其是在财务年度的最后一个季度，高管可能会增加对客户的价格优惠，以加速产品销售，从而确保公司能够实现或超过预期的盈余目标。有学者研究进一步证实了公司通过产品促销等手段进行真实盈余管理，旨在提升当期的会计利润的现象（Chapman，2011），这种短期的销售策略虽然可以快速提升收入，但可能导致长期的不利影响，例如损害品牌价值、削弱客户忠诚度和扭曲市场竞争环境。

第三，操控公司费用活动。作为企业经营活动的关键决策者，高管在公司各项经营费用的管理上拥有较大的裁量权，他们经常通过操纵公司的酌量性费用来实现特定的财务目标，这类费用包括但不限于研发支出、员工培训费用、广告费等，由于这些类型的费用通常在发生时就计入当期损益，高管可能会有动机刻意降低这类费用以实现预期的盈余目标。在操纵企业研发支出方面，有学者最早指出，基于提升短期业绩目的，高管会在其离开任职职位的最后一年降低研发费用的支出。在对影响公司企业业绩和资本性投资支出的变量进行控制后，上述结论依然成立（Dechow and Sloan，1991）。范海峰和胡玉明（2013）对此也进行了实证检验，并得出相同结论。除了研发费用盈余管理操纵行为之外，对企业广告费和管理费的操纵也是常用的方式之一，为了降低企业在季度报表中可能出现的亏损程度，企业高管会采取操纵降低广告费支出的方式以达到盈余操纵的目的（Gunny，2010）。

第四，操控公司资产出售活动。具体来说，当公司预期的未来利润低于其设定的目标时，高管可能会选择性地安排资产出售的时间，以便通过确认资产处置收益来增加当期利润。有学者研究发现日本上市公司的资产处置收入通常与高管的预期偏差呈显著负相关关系，即当实际收益低于预期收益目标时，公司更倾向于通过出售资产来提高当期盈余（Herrmann et al.，2003）。白云霞等（2005）的研究进一步支持了这一观点，指出公司高管确实存在着操控资产及有价证券出售时间的行为，通过提前或推迟确认资产处置损益，达到改变当期收益的目的。王福胜等（2013）发现在企业面临亏损或盈余大幅降低的情况下，公司高管可能会通过出售资产的方式进行向上的盈余管理，以增加盈余。相反，在盈余大幅提升的情况下，高管可能会采取向下的盈余管理策略，通过出售资产来实现盈余的平滑化，这种操控资产出售活动的策略虽然可以在短期内调整盈余，但可能会对公司的长期资产配置和财务健康产生不利影响。

第五，其他真实活动盈余管理。除了上述几种手段外，上市公司还会采用回购股票、关联方交易等手段进行真实盈余管理行为。公司通过回购自身股票减少市场上流通的股份总数，从而提升每股收益，这种策略通常在公司希望提高股价或改善财务指标时采用。关于关联方交易，如高雷和宋顺林（2008）研究发现关联交易是上市公司进行盈余管理的重要方式，其中计入线上项目的关联交易目的是取得配股资格，计入线下项目的关联交易目的是避免企业亏损，计入线下项目和计入线上项目的关联交易是可以替代的。

（三）应计盈余管理与真实盈余管理之间的关系

关于应计盈余管理与真实盈余管理之间的关系，学者们主要提出了三种观点来解释。

第一种观点认为应计盈余管理和真实盈余管理之间具有相互补充的关系。有学者指出，在实际操作中，真实盈余管理通常会发生在应计盈余管理之前，进一步分析认为，应计盈余管理在对真实盈余管理起补充和纠正作用时，这种关系并不是简单的线性关系，而是更复杂的非线性关系，并且在这两者的关系中，补充作用通常略强于纠正作用（Matsuura，2008）。也有学者指出上市公司通常会同时采用应计盈余管理和真实活动盈余管理（包括销售操控、生产操控和费用操控）这两种方式，表明两种盈余管理方式相互补充以达成盈余操控的目标（李增福等，2011；Zang，2012）。周晓苏（2016）从企业生命周期的视角探讨这两种盈余管理方式的关系，发现在不同的企业生命周期阶段，两者之间呈现出不同程度的互补关系，特别是处于成长期和衰退期的企业，这种互补关系更为显著。刘银国等（2018）进一步揭示了上市公司管理层如何综合运用真实盈余管理和应计盈余管理，发现公司往往会根据具体情况调整这两种管理方式的使用，以达到最佳的财务表现。李宾和杨济华（2017）认为，企业可能会组合使用这两种盈余管理方式来进行盈余操控，同时还会努力维护财务报告的可靠性和稳定性。

第二种观点认为应计盈余管理和真实盈余管理之间是相互替代的关系。企业在不同的外部环境和内部状况下，会倾向于选择不同的盈余管理方式。邢立全等（2016）研究发现，当企业处于市场份额较高、法律环境更加严格，且内部财务状况较好的行业时，企业高管更倾向于选择真实盈余管理方式。相反，在市场份额较低、法律环境较宽松，或内部财务状况较差的情况下，企业则更倾向于应计盈余管理。随着会计制度的不断完善和外部监管环境的加强，应计盈余管理的操作空间受到了限制，李增福等（2011）认为在这种背景下真实盈余管理因其"实用性"特点而受到企业高管的青睐，由于应计盈余管理面临的外部压力（如诉讼风险和监管成本）日益增大，企业出现了采用真实盈余管理活动替代应计盈余管理活动的趋势（Sun and Liu，2016）。龚启辉等（2015）也认为，应计和真实盈余管理之间存在替代关系，外部监管环境的完善增加了应计盈余管理的实施成本，导致高管由应计盈余管理转向更偏好真实盈余管理，真实盈余管理由于其较好的隐蔽性和较低的风险，逐渐成为高管的首选（Ferentinou and Anagnostopoulou，2016）。李春涛等（2016）研究发现，分析师跟踪和企业内部控制机制的因素可能促使高管从应计盈余管理转向真实盈余管理。罗珊梅（2017）从企业生命周期的角度探讨了两种盈余管理的使用情况，发现高管通常会在企业处于成长期时选择应计盈余管理，在成熟期和衰退期则倾向于进行真实盈余管理。鲍学欣等（2017）的研究表明上市公司选择真实盈余管理替代应计盈余管理的主要目的是追求更稳定的盈余收益。

第三种观点认为应计盈余管理和真实盈余管理之间是同增同减的关系。这种观点认为，两种盈余管理方式的使用程度受到企业内外部环境的共同影响，且这两种方式在某些情况下会出现同时增加或减少的现象。周晓苏和陈沉（2016）指出，在企业拥有有效的风险资本且伴随着严格的外部监管制度的情况下，应计盈余管理和真实盈余管理通常会同时减少，这表明在较强的外部监管和内部风险管理机制下，企业的盈余管理行为会受到一定的抑制。相反，当企业的市场份额不断扩大时，一种盈余管理方式的增加往往会伴随另一种方式的增加，反映出企业在面对市场和竞争压力时，可能会更加积极地运用各种盈余管理工具以优化其财务表现。吴秋生等（2018）通过将应计盈余管理和真实盈余管理同时纳入一个模型中进行分析，直接观察企业在当前环境中这两种盈余管理方式之间的互动关系，结果表明，这两种方式之间总体上呈现出正相关关系，这一发现与之前的研究相比，提供了一个新的视角，表明在某些情况下，应计盈余管理和真实盈余管理并非单纯的互补或替代关系，而可能是同时发生的。

二、盈余管理计量的研究综述

关于盈余管理的计量方法研究，主要有以下几种。

（一）应计利润总额法

企业的净利润主要由经营活动产生的现金流量和应计利润两大部分构成，这两部分在人为操控的难易程度上有明显差异。具体来说，经营活动的现金流量通常遵循固定的计算规则，相对较难被人为操控，相比之下，应计利润则更加灵活，容易被操控。应计利润主要依据权责发生制和配比原则进行计算，涉及将某些费用和收入计入当期损益或企业净资产的变动，如应收账款的变化、固定资产的折旧和无形资产的摊销等。

应计利润总额法通常被视为一种随机漫步模型，该模型的基本假设是企业的应计利润特征随机漫步，因此不易被操控，在这一假设下，不易操控的应计利润预期中的变动被认为是零，而应计利润的其他变动部分被视为可操控。代表性的应计利润模型包括 Healy 模型和 DeAngelo 模型。Healy 模型假定企业每年的非操控性应计利润部分基本保持稳定，在此模型中，应计利润被分为非操控性和可操控性两类，其中，非操控性应计项目是指特定估计期企业的平均利润总额，而可操控性应计项目则指事件期的应计利润总额。DeAngelo 模型与 Healy 模型相关，它假设事件期的操控性应计利润为企业事件期上年度的总应计利润，相当于一年期的 Healy 模型，应计利润总额法主要假设企业的经营活动产生的现金流量不会被人为操控，而所有的应计利润项目则完全受到操控，这种假设虽然在理论上有合理性，但在实际应用中存在一定的局限性。例如，企业的现金流量在某些情况下是可以被操控的，但并非所有的应计项目都是完全可控的。此外，这些模型并未将经济环境变化等因素考虑在内，忽略了经济环境波动可能导致的标准误差增加。

（二）应计利润分离法

在盈余管理的研究领域，应计利润分离法是一种被广泛使用的方法，主要用于衡量盈余管理的规模和强度，该方法的基本步骤和原理如下。

（1）设计回归模型。模型目的是估算在没有盈余管理发生时企业的正常应计利润水平，这通常要考虑企业的经营特性、行业标准以及其他影响因素，以确保模型能够准确反映企业的正常财务状况。

（2）应计利润的划分。通过回归模型计算得到的应计利润被分为两部分：操控性应计利润和非操控性应计利润。操控性应计利润通常是指那些可以通过管理层的决策和行为而改变的部分，如通过改变会计政策或估计来调整的应计项目，常见的如通过调整应收账款、存货等会计项目来实现，这部分应计利润经常被高管作为盈余管理的工具，以满足特定的财务报告目标或市场预期。相对地，非操控性应计利润是指那些不易受管理层直接控制、通常反映企业真实经营状况的应计项目，具体的计算公式为"操控性应计利润＝总应计利润－非操控性应计利润"。其中，总应计利润是指在遵循权责发生制和配比原则下，应计入当期损益的收入或费用，而这些项目并不直接影响企业当期的现金流动，例如固定资产的折旧和无形资产的摊销等。

（3）盈余管理行为的识别。通过对操控性应计利润的分析，研究者可以识别和评估企业的盈余管理行为，如果操控性应计利润的数值异常高或低，可能表明企业存在盈余管理行为，即管理层可能在通过会计手段调整利润，以达成特定的财务目标。

随着研究的深入，应计利润分离法被认为是有效消除操控性应计利润难以直接观测的缺陷的一种方法，企业的经营状况会显著影响应计利润的变化，可以借助应计利润分离法，将那些由外部经济环境和变化决定的、不可操控的应计利润从企业的总应计利润中分离出来，这部分不可操控的应计利润受到企业会计政策和相关法律法规的严格约束，企业高管无法进行任意操控，并且这部分应计利润通常与企业所在的行业特性密切相关，与企业自身的特定经营状况有关，因此能够较好地反映企业的真实经营业绩。应计利润分离法最常使用的模型包括基本的 Jones 模型和修正的 Jones 模型。基本的 Jones 模型是通过分析企业历史数据，估算在没有盈余管理发生时应计利润的正常水平。修正的 Jones 模型则是在原有的 Jones 模型基础上进行调整，以适应更为复杂或特殊的企业环境和经营状况，这些模型帮助研究者更准确地识别和量化操控性应计利润，从而更有效地分析企业的盈余管理行为。

基本的 Jones 模型是分析企业盈余管理的一个经典模型，该模型的核心思想在于区分企业应计利润中的操控性部分和非操控性部分。根据 Jones 模型的观点，企业的经营现金流是难以被随意操控的，这是因为现金流涉及实际的资金收入和支出，不易受到会计估计或政策变动的影响。相比之下，非操控性应计利润主要受到公司主营业务收入和固定资产等因素的影响，并随这些因素的变动而变动，这部分应计利润通常不具备随机漫步或均值回归的特征。Jones 模型通过考虑企业所处的经营环境和外部经济条件变化，来估计非操控性应计利润，该模型认为，经营环境和外部经济条件的变化能显著影响企业的正常经营活动，从而影响非操控性应计利润的水平。在从企业总应计利润中扣除估计的非操控性应计利润后，剩余的部分即被视为操控性应计利润，这部分利润可能反映了企业管理层为达到特定财务目标而对会计数字进行的主观操控。Jones 模型的应用提供了一种方法论框架，帮助研究者和分析师识别和量化企业的盈余管理行为，通过对操控性和非操控性应计利润的区分，可以更深入地理解企业的财务报告，识别潜在的盈余管理行为及其动机。然而，应用 Jones 模型时，对非操控性应计利润的估计依赖于准确反映企业实际经营情况的模型设计，因此对模型的精确度和适用性要求较高。

修正的 Jones 模型。通过不断深入研究，有学者对经典的 Jones 模型进行改进，该模型表明在企业主营业务收入变动额中，其中企业的应收账款发生变动额是进行盈余管理行为而产生的结果（Dechow et al., 1995）。从基本的 Jones 模型可以看出，所有的主营业务收入都会对非操控性应计利润造成影响，这显然造成了非操控性应计利润的高估和操控性应计利润的低估，最终结果有很大的误差。而修正的 Jones 模型则有效避开了这个误差，它在已假设企业的信用销售均被操控的前提下，计算非操控性应计利润时采用主营业收入减去应收账款变动额的方法，通过这种方式，修正的 Jones 模型能够更精确地识别和量化操控性应计利润，为分析企业的盈余管理行为提供了更为可靠的工具。这种模型的应用有助于加强对企业财务报告真实性的监控，提升财务分析的准确性。然而，即使是修正的 Jones 模型，其准确性仍然受限于模型假设的合理性以及所用数据的质量。

截面 Jones 模型与截面修正 Jones 模型（Defond and Jiambalvo, 1994）。该模型是指在相对应的时间年份，通过公司所处行业的其他公司数据来计算出该模型的系数。截面模型对公司在是否具有一定年份的时间序列方面没有严格限制，弥补了基本 Jones 模型的缺陷，即消除一些特定年份发生经济突变情况对非操控性的应计利润而带来的影响。然而该模型必须是在两个基础条件上进行：第一，时间序列数据要保证是充足的，一般情况下，至少是需要 9 年的数据；第二，需要确保在估计期内，该公司未曾有过系统性的盈余管理行为。有学者以美国公司为研究对象，通过一系列实证研究，发现在揭示公司存在盈余管理行为中，截面 Jones 模型以及截面修正的 Jones 模型相对于时间序列模型来说，表现得更加有效，这表明在分析企业盈余管理行为时，考虑行业内其他公司的数据可以提供更全面和准确的视角（Bartov, 2001）。总体而言，截面 Jones 模型及其修正模型在实证研究中表现出有效性，能够帮助研究者和分析师更准确地识别和量化操控性应计利润，进而提供对企业盈余管理行为的深入了解。然而，这种方法的准确性仍然取决于所用数据的质量和模型设计的合理性。

关于 Jones 模型和修正后的 Jones 模型的研究一直没有中断，很多学者在之前研究的基础上又不断对它们进行了修正、完善和改进，改进后的模型主要有以下几种。

DD 模型、修正的 DD 模型（Dechow and Dichev，2002），以及后续修正，这代表了盈余管理研究领域的一个重要进展（McNichols，2002）。这些模型的创新之处在于，它们不仅考虑了盈余管理的动机和管理层的决策失误，还纳入了外部经营环境的不确定性因素，从而更全面地衡量了这些因素对盈余管理行为的影响。修正的 DD 模型结合了经典的 Jones 模型和 DD 模型的优点，提供了一个更为综合的分析框架，使该模型能更有效地捕捉到不同因素对盈余管理行为的影响，包括内部管理层的主观决策和外部市场环境的变化。然而，这些模型在应用上仍存在一定的局限性：首先，它们需要处理大量的数据，这不仅增加了分析的复杂性，而且可能导致样本数量的显著减少，这种大规模数据处理对研究人员提出了更高的要求，尤其是在数据收集和处理的准确性方面；其次，修正的 DD 模型在国内的应用并不广泛，部分原因可能是中国企业的特殊性和国内市场环境的差异，这些模型在国内环境下的适用性和效果受到限制；最后，国内企业的公开可用数据可能不如国际市场丰富，这也增加了模型应用的难度。总的来说，虽然修正的 DD 模型在理论上提供了更为全面和深入的分析框架，但在实际应用中，其复杂性强和数据要求较高，限制了其在特定市场环境下的普及和应用。

CF-Jones 模型（Chan et al.，2004）。该方法基于比较不同模型所识别的操控性应计项目与非操控性应计项目，以此来强化对未来盈余的预测效应。该方法考虑了操控性应计利润与非操控性应计利润对未来盈余影响的差异性，根据这一方法，如果某个盈余管理模型能够比其他模型识别出更多的操控性应计利润，那么可以认为这个模型在识别盈余管理行为方面表现更好，这是因为操控性应计利润通常被视为企业管理层为了达到特定财务目标而采用的会计手段。

相比之下，非操控性应计利润更能反映企业的真实经营状况。相较于经典的 Jones 模型，该模型在盈余管理识别方面更为有效，经过调整后的模型拟合优度显著提高，意味着模型能更准确地反映企业盈余的真实情况，减少由盈余管理带来的扭曲。这种方法的优点在于提供了一种更直接的方式来评估不同盈余管理模型的有效性，特别是在识别操控性应计利润的能力方面（Chan et al.，2004）。

业绩匹配的 Jones 模型。这种方法在基本的 Jones 模型的基础上进行了重要的改进（Kothari et al.，2005），具体来说，包括以下三个关键步骤。第一，引入经营业绩变量，在 Jones 模型中加入经营业绩变量，例如反映企业资产的利用效率和盈利能力的总资产报酬率，通过将总资产报酬率等因素纳入模型，可以更好地控制应计利润与企业经营业绩之间的非线性关系，从而提高模型的准确性和可靠性。第二，用经营业绩配对样本方法，以进一步控制应计利润与企业经营业绩之间的关系，这种方法通过选择与目标企业经营业绩相近的其他企业作为参照，可以更有效地消除那些由业绩波动而导致的应计利润变动（Kothari et al.，2005）。第三，模型的调整。在基本的 Jones 模型中，由于没有常数项，模型的第一项是对总资产进行滞后一期的调整，以此来减少模型中的异方差问题，而在业绩匹配的 Jones 模型中，通过设置常数项，可以大幅减少模型犯第一类错误（即错误地识别为存在盈余管理行为）的可能性。这些改进提供了一种更为细致和全面的方式来评估企业的应计利润，尤其是在控制企业经营业绩波动对盈余管理识别的影响方面。

非线性的 Jones 模型。有研究指出在影响应计利润的诸多因素中，除了经济和行业因素之外，会计制度因素也扮演着重要角色（Ball and Shivakumar，2006），会计稳健性原则对应计利润产生的影响，尤其是在企业确认利得和损失时表现出非对称性。在实际情况中，企业的应计利润与其经营业绩之间往往呈现出非线性关系，部分原因在于企业在会计处理上往往倾向于对损失进行及时确认，而对于利得则倾向于推迟确认，这种处理方式的结果通常是在确认利得与损失时并不对称，从而在最终确认的应计利润中产生系统性的负偏差。这一发现对于盈余管理的研究具有重要意义。之前的研究模型集中于考虑外部经济因素和所处行业因素对企业非操控性应计利润的影响，却往往忽视了会计稳健性原则等内部会计处理方法对应计利润的影响。引入非线性 Jones 模型（Ball and Shivakumar，2006），有助于更准确地分析和理解企业的会计处理决策及其对应计利润的影响。通过考虑企业在会计处理上的稳健性原则，该模型能够更全面地捕捉到影响应计利润的各种因素，特别是在识别操控性应计利润方面提供了更为精确的工具。

在实际应用中如何选择最合适的应计利润分离模型，学界并没有统一的答案。学者们通过实证研究，对各种模型进行比较和评估，揭示了它们各自的优点、缺点和有效性。张雁翎和陈涛（2007）对六种不同盈余管理模型的有效性使用了三种方法进行检验，结果表明在中国市场中，修正 Jones 模型在检测盈余管理行为方面表现最为有效。陈旭东等（2008）研究中引入了新的变量，包括企业的生命周期，将企业生命周期作为一个因素加入模型，从而更有效地控制企业业绩、经营效率以及其他相关因素，他们认为，在中国实际情况下，结合企业生命周期因素的 Jones 模型更为合适。黄梅和夏新平（2009）的研究中比较了基本的 Jones 模型和修正的 Jones 模型，发现修正的 Jones 模型犯第一类和第二类错误的概率更低，表明该模型在设置上更为合理和完善，此外，修正的 Jones 模型在识别盈余管理行为方面比基本的 Jones 模型更有效，并提出了在中国应当分年度和分行业使用截面修正的 Jones 模型的建议。

（三）特定应计项目法

特定应计项目法是一种集中研究特定企业应计利润项目的方法，它对于深入分析特定行业的财务数据尤为有效，这种方法在金融机构如银行业的贷款损失准备项目、保险公司的索赔准备项目等领域有着广泛的应用。以对保险行业中索赔损失的研究为例，特定应计项目法能够深入探讨这些具体项目对企业盈余管理的影响（Beaver and McNichols，1998）。特定应计项目法作为深入理解企业财务的工具，具有显著的优势，其中直觉性和行业特定性为其独特之处。通过对一般公认会计原则（Generally Accepted Accounting Principle，GAAP）的理解，研究者能够直观地识别影响应计利润的关键因素，这有助于揭示企业财务状况的真实情况。

然而，特定应计项目法也存在一些挑战和局限性。运用这种方法需要研究者具备相当的专业知识，并深入理解会计准则和所研究行业的制度背景。这种专业性的要求可能限制了该方法的广泛应用。此外，由于该方法的焦点是特定行业和项目，因此其适用范围有限，研究结论可能仅具备相对局部的可解释性，难以泛化到其他行业或情境。

（四）盈余分布法

应计利润分离方法虽然可以简单地将某一公司的盈余程度估算出来，但是它仅仅针对单家公司，几乎很难达到估算所有公司的目标，此外，利用应计利润法所得出的非操控性应计利润只是一个估计值而并不是准确值。在此背景下，盈余分布法（Burgstahler and Dichev，1997）应运而生，此方法不再以估算出应计利润为目标，其主要任务是观察在特定水平区间内盈余不连续的分布情况，根据观察到的结果来判断公司是否存在盈余管理行为，并从中获得盈余管理行为发生的频率及程度，此方法需要假设企业在不存在盈余管理时的盈余是服从正态分布的，并且形成的密度函数曲线具有光滑特征，在以上假设条件下，若观察到盈余分布直方图阈值左右相邻间隔内存在有异常的观察数，阈值处密度函数曲线会出现不光滑的特征，则可判断出在某一阈值处存在一定的盈余管理行为。

盈余分布法最大的优势在于它可以从企业整体情况进行观察估计，通过盈余分布函数在阈值处的不连续情况来估计盈余管理的程度，无须确认企业的非操控性应计利润。然而，该方法也存在一些缺陷，尽管学者不断对其进行修正和完善，但未能消除其在研究假设方面的不足，该方法假设真实盈余分布是光滑的，且在判断盈余管理行为方面无有效识别手段和方式，也不能准确判断盈余管理行为发生的方向和时间。

三、盈余管理影响因素的研究综述

通过梳理和总结国内外关于盈余管理影响因素的研究文献，发现影响盈余管理的因素主要包括外部环境因素和内部治理因素两方面。

（一）外部环境因素对盈余管理影响的研究综述

目前国内外研究表明，影响盈余管理的外部环境因素主要包括法律环境、会计制度、外部经济环境、媒体关注等。

1. 法律环境

一国的法律及制度环境从根本上影响着企业盈余报告质量。有学者发现法律体系不同的国家，其上市公司的盈余质量之间存在显著差异，他们认为处于大陆法系中的上市公司盈余质量表现明显不如处在普通法系中的上市公司盈余质量，普通法系国家的政府对上市公司干预也较少（Ball et al.，2000）。李增福和曾慜（2017）探讨了法律制度的不同对盈余管理方式的选择影响，发现投资者保护法律制度的完善虽然减少了应计项目盈余管理行为，却提高了真实盈余管理行为。崔艳娟等（2018）的研究表明金融和法治环境的健康发展以及政府干预的减少，有利于提高盈余质量。上述研究共同表明，更加成熟和完善的法律制度和公司治理结构有利于提高企业的盈余报告质量，并减少盈余管理行为的发生。

2. 会计制度

会计制度的变更会影响盈余管理。朱茶芬（2006）探析了2001年的会计准则变革对盈余管理的影响，结果表明2001年的会计准则变革能够有效地提高盈余质量，但提高的幅度有限，和普通法系的国家比较，我国的盈余质量仍然处于较低的水平，她验证了会计管制可以在一定程度上提高盈余质量的结论。由于国内的会计准则与国外不同，国内研究要重点结合国情进行盈余管理研究，这也是国内外在研究高管盈余管理上的主要差异。此外，对新旧会计准则实施前后企业盈余质量进行的比较表明，基于公允价值计算的盈余与基于历史成本计价计算的盈余存在显著差异，且前者的盈余质量更高，这表明会计准则的变化对企业盈余报告产生了深远的影响。

3. 外部经济环境

外部经济环境对企业的盈余管理行为有着显著影响。李延喜和陈克兢（2014）研究指出经济发展和市场化程度等因素能在一定程度上约束高管的盈余管理行为，这表明在一个更加发达和市场化的经济环境中，企业的盈余管理可能受到更多的监管和约束。刘玉玉和唐嘉尉（2017）进一步探讨了企业所属行业的景气度及其波动性对盈余管理的影响，发现在行业景气时期，企业倾向于更多地进行应计盈余管理，在行业景气度波动较大时，企业则偏向于进行正向的应计盈余管理，减少负向的盈余管理行为，这揭示了行业经济环境变化对企业财务策略选择的直接影响。陈沉等（2017）利用 2001～2014 年我国上市公司的财务数据，实证分析了行业的竞争压力对处于不同生命周期的企业应计盈余管理和真实盈余管理行为的影响，结果发现当行业竞争压力较大时，抑制了处于成长期、成熟期和衰退期的企业进行应计盈余管理行为，并且抑制了处于成长期和成熟期的企业进行真实盈余管理行为，但加重了处于衰退期企业进行真实盈余管理行为。这些研究共同表明，外部经济环境，包括行业景气度、市场化程度、行业竞争压力等因素，对企业的盈余管理行为有着深刻的影响。

4. 媒体关注

近年来，随着互联网的快速发展，越来越多的研究开始从媒体关注角度探讨对盈余管理的影响。有学者认为在负面现象比较严重的环境中，企业较容易进行盈余管理行为，媒体因负面问题而对企业进行细致报道，这在一定程度上如同多米诺骨牌一样，触发企业盈余管理，对于那些有着较多信息源的媒体来说，这种多米诺骨牌效应便会愈发显著（Lourenço et al.，2018）。针对这种多米诺骨牌效应，诸多学者进行持续研究，如李晓慧和杨坤的研究（2015）表明，媒体的负面报道越多，企业的会计信息透明度就会越差，公司的媒体关注度越高，那么进行盈余管理行为就越容易被社会公众引起注意和警觉，因此认为媒体关注有助于抑制盈余管理行为。通过媒体对上市公司的相关资讯进行披露，股东和企业的声誉逐渐形成和加强，以声誉机制为作用路径，媒体的监督可以发挥一定的积极作用，例如制约大股东的利益掏空行为。有学者也认为媒体通过其声誉机制途径所形成的积极监督作用的发挥，能够有效地抑制企业的应计盈余管理行为和真实盈余管理行为（Chen et al.，2021）。陈克兢和李延喜（2016）也认为媒体关注能够有效地抑制上市公司的盈余管理问题，一个上市公司受到媒体关注与监督越多，那么其进行盈余管理的程度就越低，且随着媒体关注的不断增加，上市公司的盈余管理方式发生转变，从应计盈余管理转向真实盈余管理。他们进一步研究发现，媒体关注与法治环境在公司的盈余管理治理中存在着替代效应，较多的媒体关注能够抑制法治环境薄弱导致的盈余管理行为。张婷婷等（2018）也表示在转型经济体中，媒体关注已经成为治理盈余管理的一种新手段，媒体关注度的提高可以有效降低上市公司的真实盈余管理行为，表现出一定的监督治理职责，企业为维护自己的声誉，会尽量避免遭受媒体对其进行负面报道，因为与没有遭受负面报道的企业相比，遭受媒体负面报道的企业未来将在债务融资、权益融资等方面都要付出更高的成本。孙鲲鹏等（2020）更为全面地选择发帖数量、阅读量和评论量等数量级指标对互联网社交媒体讨论进行度量，指出股吧讨论的活跃程度与公司正向应计盈余管理行为之间存在显著负相关关系。王福胜等（2021）还发现网络媒体报道能够引发投资者异常关注，向管理层施加市场压力从而诱发更多的盈余管理行为。李芳（2023）以盈余管理为着力点，探究中小股东通过网络表达参与公司治理的作用机理，研究发现中小股东"用嘴投票"对两类盈余管理的治理效应存在显著差异，中小股东的网络表达能够发挥"监督效应"抑制应计盈余管理，但同时会对真实盈余管理产生"驱动效应"；股东自利行为所致的二类代理成本在中小股东网络表达差异化影响盈余管理的过程中发挥中介作用。

（二）内部治理对盈余管理影响的研究综述

近年来，内部治理对盈余管理影响的研究越来越受到重视，众多研究表明公司的内部治理质量对其财务报告的可靠性和盈余质量具有显著影响。陈俊和陈汉文（2007）认为我国上市公司的内部治理水平与盈余价值相关性之间表现出正相关关系，公司的内部治理强度与充分性指数越高，公司盈余质量表现就越好。由于财务报告往往是由公司的内部管理人员编制的，而上市公司高管可以利用内部治理机制存在的缺陷逃避监管，进而调整和控制公司的会计报告，因此得出上市公司披露的财务报告质量往往取决于公司的内部治理水平（胡国柳等，2017）。综合来看，内部治理机制对于约束企业的盈余管理行为、提高财务报告的质量以及增强公司的市场信誉至关重要，这些研究结果强调了加强内部治理机制、提高管理层的透明度和责任感的重要性，同时也为监管机构制定相关政策法律提供了重要参考。有效的内部治理结构不仅能够提高企业的经营效率，还能够增强企业在外部市场的声誉，从而在更广泛的层面上促进市场的健康发展。具体的研究内容集中在公司基本特征、董事会特征、股权结构、审计质量及内部控制制度等方面。

1. 公司特征

公司的业绩、债务水平、性质、上市方式和成长性等企业特征因素对高管的盈余管理行为产生影响，在业绩较差的公司中，高管常常利用会计政策选择权来增加盈余、掩饰亏损，连续三年亏损的公司可能面临证券监管部门的退市处罚，为了避免这一处罚，公司通常会在亏损前后明显地调减或调增盈余。此外，负债率较高的公司为了规避违反债务限制性条款的风险，通常在违约前广泛采用过调高盈余的手段。王克敏等（2009）研究表明，公司性质和上市方式对盈余质量产生显著影响，国有控股公司和进行首次公开发行（IPO）的上市公司的盈余质量较好，而非国有公司以及通过买壳方式上市的公司的盈余质量较差。王汀汀和李赫美（2018）从企业生命周期的角度研究，认为企业在衰退期进行应计盈余管理的程度最高，成长期次之，而成熟期的企业则表现出最低的盈余管理程度，进一步研究发现，在企业处于成长期时，进行负向的盈余管理程度最小，而进行正向的盈余管理程度最大。

2. 董事会特征

董事会是连接公司股东与高管的重要纽带，也有较多研究针对董事会特征对盈余管理的影响展开。

在独立董事比例影响方面，有学者研究表明独立董事在董事会总人数中所占的比例和高管进行盈余管理的程度之间存在着显著的负相关关系，即独董所占比例越高，操纵性利润就会越少（Peasnell et al.，2005）。彭青和陈少华（2013）的研究表明独立董事所占比例越高，公司的盈余管理程度就越小，公司的盈余质量也越好。

董事会成员的背景也会影响企业盈余管理行为。上市公司中，担任独立董事的人如果具备扎实的理论基础和丰富的从业经验，那么也拥有能够识别和抑制企业的盈余管理行为的能力。周建（2016）认为即便是同样拥有会计专业背景的独董，也会因为其他背景特征的不同而使得其专业能力与行为动机有所差异，进而对盈余管理行为的抑制作用表现出明显的不同。从拥有的专业知识角度来讲，具有财务会计背景或从业经验的独立董事可以利用自身技能来促进上市公司盈余信息质量的提高。董事会成员中具有财务或会计背景的独立董事能够有效减少公司的盈余管理行为，独立董事所占比例以及董事会中具有的会计专家所占比例和公司会计信息的稳健性具有正相关关系（Ye，2014）。龚光明和王京京（2013）发现公司董事会中具有会计专业背景的独立董事人数越多，对应计盈余管理行为的抑制作用就越有效。但也有学者得出相反的结论，认为具有会计专业背景的独立董事并不能抑制盈余管理行为（Habbash et al.，2014）。向寿生等（2016）进一步将会计专业独立董事细化为具有高校背景的会计专业独董和具有事务所背景的会计专业独董，并比较了两者对企业盈余管理行为的影响差异，结果发现具有高校背景的会计专业独董能够有效抑制公司的盈余管理行为，而具有事务所背景的会计专业独董却加剧了公司的盈余管理行为。蔡春等（2017）研究发现具有会计专业的独董人数越多，那么其所在的公司进行真实盈余管理的程度就越低，进一步研究发现当具有事务所经历的会计专业独董人数越多时，公司真实盈余管理程度将会更低。胡元木等（2016）从研发费用角度研究，发现具有专业技术能力的独立董事能够利用有效抑制高管研发费用操控的途径来提升公司的盈余信息质量。周泽将等（2017）从独立董事的政治关联背景视角进行研究，探析了独立董事政治关联背景对企业盈余管理行为的影响，结果表明独立董事具有政治关联背景能够明显提高企业的真实盈余管理水平，然而与应计盈余管理之间的关系却无显著相关性，而当独立董事具有事务所背景时，独立董事的政治关联背景对真实盈余管理行为的促进作用更加显著。

也有学者认为独立董事的日常工作地点也会影响盈余管理，如有学者研究发现上市公司的独立董事的日常工作所在地和上市公司所在地是否相同对公司的盈余管理行为具有影响，这既影响有关监管部门对独立董事异地化公司的监督，也影响对独立董事的选任（Chen et al.，2015）。黄芳和杨七中（2016）发现如果独立董事在本地任职则获取信息会更加容易，相反，在异地任职则获取信息较为困难，从而不利于对公司进行监督。因此，独立董事的本地化任职能够提升上市公司的盈余管理质量，减少盈余管理行为。

不容忽视的是，董事的自身声誉也会影响盈余管理。黄海杰等（2016）研究发现具有会计专业的独立董事的声誉与企业盈余质量之间存在显著的正相关关系，并且在具有较高声誉的会计专业独立董事身上，这种影响更加显著。有学者也得出一致结论，具有较高声誉的、具有财务会计专业背景或者有财务工作经历的独立董事在企业中更能有效发挥治理作用（Sila et al.，2017），提高公司的盈余质量（宋常等，2019）。

3. 股权结构

近年来，学者们对股权治理结构对公司盈余管理的影响进行了深入研究。杨继伟（2010）研究发现，公司第一大股东持股占比越高，公司盈余质量就越差。在股权集中度适度的情况下，则有助于协调股东利益，减少或避免冲突的发生，从而提高公司的盈余质量。然而，当公司股权集中度过高时，无法形成控股股东之间的相互制衡，容易出现侵占行为，导致盈余质量下降。刘银国等（2018）研究表明，集中的股权结构在一定程度上可以抑制真实盈余管理行为。

4. 审计质量

诸多研究表明审计质量对盈余管理具有一定的影响，而审计质量可以从审计委员会的存在性、独立性、专业知识及背景、审计师意见及背景、会计师事务所级别等方面来体现，较多学者从这些具体方面研究其对盈余管理的影响。

有学者发现审计委员会的独立性与非正常的应计会计之间存在关系，表现出显著的负相关关系，即上市公司存在独立性较强的审计委员会，表明能够减少公司的盈余管理行为，有助于提高公司的盈余质量（Klein，2002）。潘珺和余玉苗（2017）以2011～2013年的创业板公司为样本，实证研究了审计委员会的治理作用对盈余管理产生的影响，结果表明审计委员会的独立性越强，公司的应计盈余质量就会越高；审计委员会中拥有会计审计实践经验以及行业内专家成员人数越多，公司的应计盈余质量也越高。通常而言，对企业会计准则能够更加熟悉和掌握的成员越多，则越有利于公司财务报表质量的提高。有学者通过实证检验审计质量对高管应计项目盈余管理和真实活动盈余管理的影响，揭示审计质量对高管盈余管理方式选择产生影响，结果表明审计质量会显著影响高管对盈余管理方式的选择；具有外部聘请背景的审计师质量越高，则高管就更加倾向采取真实活动盈余管理方式（Burnett，2012）。

有学者以美国上市公司为样本，研究审计师的审计意见和应计盈余管理之间的关系，结果表明两者之间存在显著的相关性，高管进行盈余管理行为会受外部审计的影响（Francis et al.，1999）。审计师可以在一定程度上识别或避免上市公司在财务信息中出现有目的性或无目的性的错报，进而影响上市公司的盈余报告质量（Caramanis and Lennox，2008）。张正勇等（2016）发现公司进行真实盈余管理的程度越高，那么审计师出具非标准审计意见的可能性就越大，说明审计师可以识别企业的真实盈余管理行为并能够在一定程度上对其进行抑制。同样，罗国民等（2018）认为外部审计的质量越高，越能抑制公司在定向增发新股前进行盈余管理的程度。但作为提高上市公司的财务信息可靠性的第三方审计师，并没有显著有效地揭示和抑制上市公司的盈余管理行为（曹琼等，2013）。

对于进行审计的会计师事务所级别及背景对盈余管理的影响研究较为丰富。通常而言，相对于其他会计师事务所，"前十大"会计师事务所审计的公司存在应计利润操纵行为明显较少。曾亚敏和张俊生（2010）实证研究表明，事务所的合并行为并没有对客户公司的可操控应计数量产生显著的影响，但却显著地减少了客户公司进行正向可操控应计（即调增营业收入）的可能性，这可帮助提升客户公司的财务报告信息质量。郭照蕊（2011）对新会计准则实施前后国际"四大"会计师事务所出具的审计质量之间的差异进行了实证研究，结果表明，国际"四大"的审计质量和非国际"四大"之间并没有明显的不同，甚至在某些时候国际"四大"的审计质量表现还不如非国际"四大"。但也有不同的研究观点，李奇凤和刘洪渭（2009）从国际"四大"会计师事务所、审计客户公司数量排名前十大的国内会计师事务所、其他事务所三方面，对比了它们在对公司盈余管理行为抑制作用方面上的差异，以此来体现审计质量之间存在的差异，然而结果表明，具有较高审计质量的大型会计师事务所并未在我国取得良好的表现。

此外，李延喜等（2019）实证研究表明进行沟通关键审计事项的行为可以明显减少上市公司的应计盈余管理程度，进一步研究发现相对于沟通关键审计事项数量少的公司，沟通关键审计事项数量多的公司进行应计盈余管理的程度明显偏低，但实证结果并未得出沟通关键审计事项和真实盈余管理方式之间存在明显关系。

5. 内部控制制度

内部控制制度对盈余管理的影响研究结论存在差异。在上市公司内部控制机制较为薄弱时，其盈余质量往往较低，内部控制机制较好可以在一定程度上抑制公司的应计盈余管理行为，但对真实盈余管理方式的抑制效果不够显著（Ashbaugh-Skaife et al.，2008）。然而，程小可和郑立东（2013）持有不同观点，内部控制机制在两种盈余管理方式方面都能够抑制真实活动盈余管理，完善的公司内部控制制度有助于提升公司会计信息质量，并降低盈余管理行为的发生率（施屹舟等，2017）。胡明霞（2018）也认为内部控制质量与应计盈余管理、真实盈余管理呈显著的负相关关系。

此外，一些学者对多个因素共同影响盈余管理进行了研究。肖成民和吕长江（2010）同时研究了内、外部因素对盈余管理行为的影响，内部因素是为实现盈余目标而诱发盈余管理的事前动机，而外部因素主要指盈余管理的事后监管，当内部盈余管理动机较强烈时，盈余操纵的手段与遵循企业会计准则的程度呈反向关系。同时，在外部监管力度加强时，高管规避风险的心理使其更能遵守会计准则。陈小林和林昕（2011）将审计因素和内部控制制度因素结合起来探讨它们对盈余管理的影响，揭示了三者之间的作用关系，得出了出具非标准意见和审计费用之间的正相关关系，并在内部控制制度和盈余管理之间的关系中有负向调节效应。

此外，一些研究者还关注了公司规模、行业特征等因素与内部控制制度对盈余管理的互动关系。有学者研究发现，在大型企业中，完善的内部控制制度对抑制盈余管理更为有效，而在不同行业中，对内部控制制度的需求和影响也存在差异，这反映了不同行业的经营特点和会计风险（Chen et al.，2021）。

第五节　高管特征与行为决策相关文献综述

随着社会的发展，人力资本对于社会进步、企业发展等越来越重要，人力资本反映出个人身上所拥有的专业能力与综合素质，这些素质通过个人长期的学习、受到的教育与培训等途径获得，是通过长期的自我投资学习或其他的利用外部投资掌握和拥有的能力，最终体现在个人的专业知识、技能和工作经验等方面。人力资本在促进企业发展中，与物质资本的作用相同，甚至比物质资本更为重要，能够给企业带来更好的业绩表现和长远发展，和投入物质资本的效果和深度相比，企业投入人力资本能体现出较大的作用和更高的价值，并且这种作用价值不只表现在企业获得的高收益方面，特别是在如今知识经济的社会中，人力资本的投入更是增加企业未来收益、关系着企业经营绩效的核心。已有大量研究结果表明，企业高管的人力资本对企业的经营战略选择、风险投资决策（李严等，2012）、国际化发展（Lutz，2009）、创新能力（朱焱和张孟昌，2013）产生显著的影响。

高阶理论提出以来，学者们开始在管理学研究中引入人力资本的概念，他们认为人口统计学的特征（具体表现为高管的年龄、学历、任职期限等特征）会影响着企业高管的认知行为。基于此，学术界开始将研究聚焦于高管的人力资本对企业的经营战略、组织绩效等的影响方面，进一步从人力资本这一视角揭示高管的行为和决策偏好。从高管的不同特征方面展开研究，如高管的任期、年龄以及学历等，这些特征反映了高管的品质、知识经验、认知行为和价值观等，从而影响其在公司中的决策行为，进而影响公司的经营战略和业绩。在对高管特征的深入研究中，学者们从不同的角度揭示了高管人力资本对企业的影响机制，丰富了学术界对企业管理中人力资本作用的认识。以下从高管的不同特征方面分别进行综述。

一、高管年龄与行为决策

个体的年龄反映了其成长的年代、环境、接受的教育和培养方式，以及所积累的社会阅历等多方面因素，年龄差异导致高管在企业中展现出不同的行为决策偏好，从而对公司的经营战略、绩效以及会计信息质量产生深远影响。有学者认为，年轻的高管通常更倾向于冒险决策，更愿意尝试新事物（Hambrick and Mason，1984），相反，年长的高管可能更趋向于保守决策。魏立群等（2002）实证研究发现高管的个人特征与公司绩效之间存在显著的正相关关系，即高管年龄越大，公司绩效表现越好，这表明随着年龄增长，高管积累了更丰富的经验和智慧，能够更有效地指导公司的发展。何威风和刘启亮（2010）通过对我国 A 股上市公司的研究样本进行研究，探讨了高管年龄对公司发生财务重述行为的影响，结果表明公司高管年龄与财务重述行为之间呈显著的负相关关系，验证了高管年龄增长对提高会计信息质量的积极影响，表明年长的高管更可能在公司财务报告中展现出更为谨慎和可靠的态度，有助于维护公司的声誉和信誉。

二、高管性别与行为决策

高管性别对公司的影响研究主要涵盖了高管性别在经营决策、企业绩效和会计信息质量方面的影响。李嘉等（2009）关注性别差异在创业动机和目的上的差异，并指出男性创业的主要动机是追求财富和更大的权力，而女性创业的主要目的则是追求更具弹性的工作时间，以便在工作之余照顾家庭，这凸显了高管性别在职业选择动机上的不同倾向。有学者进一步揭示了高管性别特征对经营决策的影响（Deng and Ji，2014），他们发现，高管的性别影响其对风险的偏好，进而影响经营决策，女性高管通常对风险的接受能力较低，更倾向于采取保守和规避风险的决策。此外，女性高管在道德约束方面表现更佳，而相较之下，男性高管通常表现出更强的自信和傲慢，有些学者也关注了公司授予高管股票期权的性别差异，发现当公司以相等的水平授予女性高管和男性高管股票期权时，其主要目的是激励女性高管更加勇于承担风险（Khan and Vieito，2013）。还有学者研究发现，当授予男性和女性高管股票期权时，女性高管更倾向于采取保守态度，显示出对风险的较低容忍度（Baixauli-Soler et al.，2017），这进一步强调了高管性别对于公司在风险承担和股票期权激励方面的不同反应。

三、高管任期与行为决策

高管任期是衡量公司高管特征的重要指标，对公司业绩以及会计信息质量产生显著影响。高管任期影响高管团队中相互交流沟通效果，企业高管们在一起工作的时间越久，那么和同事之间的了解和交流就越多，互相理解与信任也会随之增加，团队中产生的摩擦便会减少，进而提高经营绩效。有学者得出一致结论，认为随着高管任期时间的增长，对企业内部的文化、共同语言就更加熟悉，就能够更好地理解和执行公司的经营政策以及工作的有关流程，以提高企业业绩（Zenger and Lawrence，1989）。也有部分学者得出了完全相反的结论，发现高管任期时间的长短和企业的经营绩效之间并不存在显著的正相关关系，相反，两者之间呈现显著的负相关关系，也就是高管的任期时间越长，企业的经营绩效越差，原因在于当公司高管任职期限较长时，其在经营管理与组织决策时易表现为故步自封，逐渐造成企业对外部环境变化的适应能力降低，进而对企业绩效造成负面的影响，因此，在快速变化的商业环境中，需要在协调团队效能和适应性创新之间寻找平衡（Keck，1997）。

四、高管学历与行为决策

高管学历不同表明其教育背景不同，在专业知识、行为认知等方面都会存在一定的差异，造成高管在公司经营决策中的思维与价值判断出现显著的差异，最终影响公司的经营绩效。通常，高管学历越高，其灵活性、随机应变能力以及对信息的处理能力等就更优越，他们认知的复杂性和丰富性就会越强，从而在公司面临的复杂环境时，能够准确地为公司进行定位，进而做出最优决策，特别是在面临强烈竞争时，能做出更迅速的正确应对；同时，高管所拥有的隐性人力资本体现在交流沟通能力、学习能力以及随机应变能力等个人特征方面（张平，2006）。黄昕等（2010）以我国 2004～2007 年中小企业上市公司作为研究样本，揭示了高管团队的知识结构特征和企业的成长性之间的关系，发现高管团队的学历水平能够促进企业成长与发展。也有一些研究却得出两者之间负相关甚至是不相关的结论，如王瑛等（2003）利用北京与江苏省两个地区的公司数据，研究发现高管学历背景对企业经营决策的影响程度并不大；汪金龙和李创霏（2007）发现高管所受的教育背景和企业的绩效存在着明显的负相关关系。

第六节　股权激励与盈余管理相关文献综述

国内外关于股权激励与盈余管理之间的关系研究较为丰富，他们分析了企业管理者与股东之间存在的冲突，为了降低代理成本，对于高管的补偿行为必须与企业股东的股权价值紧密相关，因此，权益类的补偿行为成为达到此目标的一种办法。有学者认为盈余管理行为和基于盈余结果的薪酬合约有关，对于高管薪酬，以企业会计盈余结果为基础进行的奖金计划是重要的一个薪酬组成部分，基于此，高管可能会采取应计利润操控行为以此来提高自身获得的收益，进而提出了基于利益最大化的盈余管理假说（Healy，1985）。

在我国，随着《关于上市公司股权分置改革中国有股股权管理有关问题的通知》《上市公司股权激励管理办法（试行）》《关于修改〈上市公司股权激励管理办法〉的决定》等股权激励相关的法律法规颁布，学者们不断地对该问题进行探索研究，得出了不同的研究结论。股权激励作为一种重要的激励机制，为高管提供了持股权益的机会，能够增强其对公司的责任感和对长期经营绩效的关注。然而，学者们对于股权激励是否会导致高管通过盈余管理来追求个人收益存在不同看法。一些研究强调股权激励能够对高管形成长期激励，从而降低盈余管理的动机；而另一些研究则指出股权激励可能激发高管短期主义，导致过度的盈余管理行为。

一、股权激励引发盈余管理行为

大多学者研究认为股权激励会引起盈余管理行为的发生，公司一旦出现营业利润低于股权激励契约规定的考核条件时，高管就会采取向上的盈余管理行为；若出现相反情况，公司高管就会采取向下的盈余管理行为。有学者以美国公司为研究对象，选取 1992～1998 年数据，发现对高管授予期权计划会影响公司的财务报告质量，并且在授予日前，高管操控应计利润压低行权价格，最终在股价较高时出售股票（Baker et al.，2003）。股权激励强度越大，那么高管在年度报告中的利润将越低于分析师对业绩的预期，这意味着股权激励的程度越高，那么高管隐藏当前公司盈余金额就越大，这样是为了避免企业未来利润的大幅度下降，说明股权激励与盈余管理正相关（Cheng and Warfield，2005）。也有学者研究指出，高层管理人员股权薪酬的激励程度会显著正向影响应计项目操控的盈余管理，当上市公司的股票价格被人为操控至高于其实际价值时，由于股权激励计划的刺激，高管倾向于选择能保障自身利益的会计核算方法来调整企业实际盈余，从而获取权益薪酬（Bergstresser and Phillippon，2006）。吕长江（2009）发现上市公司高管的自利行为最早出现在股权激励初期，并且可能存在于整个计划制订阶段，这种自利行为表现为管理层放宽行权条件、调整财务报告等。肖淑芳和张超（2009）以股权分置改革为时间节点，研究上市公司盈余管理程度在股权激励计划公告日前后发生的转变，结论肯定了这种变化的存在。并进一步指出，在公告期前，管理层倾向于采取向下的盈余管理，公告后采取向上的盈余管理；在公告期后期，盈余管理程度不稳定，可能会发生反转，也就是说，管理层可以通过盈余管理来压低行权价格与授予价格。陈胜蓝与卢锐（2012）研究认为，存在股权薪酬激励计划的上市公司，高管更可能通过实施应计盈余管理来提高自身薪酬，实现利益最大化。有学者将可操控应计利润作为衡量盈余管理程度的重要依据，研究结论指出，授予高管股票期权可能引起高管的负向盈余管理行为，而处在等待期限之内的股票期权可能引起高管的正向盈余管理行为（Uzun and Zheng，2012）。刘银国等（2018）进一步验证了激励性股权计划对上市公司高管真实盈余管理行为的促进作用。程果与蒋水全（2019）指出股权激励确实可以通过降低代理成本增加股东利润，但同样存在机会主义行为而使股权激励计划有效性降低。在银行这种特殊行业，高管的股权薪酬激励程度也会正向影响应计盈余管理（Ozge，2013）。

二、股权激励缓解盈余管理动机

也有学者认为股权激励可以缓解高管盈余管理动机。上市公司股权激励会影响高管的风险偏好，股权激励计划可能会负向影响盈余管理行为，这表明股权激励的机制可能使高管更注重公司的长期股东价值，从而减少短期盈余操纵的动机（Coles，2006）。有学者研究综合考虑了高管薪酬、公司业绩等因素对盈余管理的影响，认为股权激励水平的增加不是引起盈余管理程度增加的必要条件，二者之间的关系并非大部分研究所提出的严格正相关关系，而是受上市公司对高管的监管力度影响，当高管薪酬水平较高时，公司对其的监管力度会加大（Laux et al.，2009）。有学者从企业成长机会视角展开对股权激励和应计盈余管理之间的关系研究，指出在发展潜力较低的企业中，股权激励会在一定程度上引发高管的盈余操纵行为；当企业的成长到达一定阶段时，股权激励的这种促进作用可能转变为抑制作用，从而缓解应计盈余管理问题（Li and Kuo，2017）。张蓬勃（2021）发现高管股权激励与真实盈余管理呈负向调节作用，表明股权激励制度在某种程度上约束了高管的盈余管理行为，有助于提高公司财务报告的透明度和真实性。付强等（2019）研究发现，增加管理层股权激励薪酬比重可以降低应计盈余管理程度，并提高管理层自愿性业绩预测的披露倾向、频率、精度和准确度。

三、股权激励与盈余管理行为无关

有些研究者提出了与前述不同的观点，主张高管股权激励与盈余管理之间并无明显的相关关系（黄谦，2006）。冉茂盛（2009）通过面板数据回归的方法发现，上市公司高管的股权激励与盈余管理之间的正相关关系并不显著。张志花与金莲花（2010）研究认为上市公司高管股权激励程度的高低不会显著影响公司的异常现金流量净额、异常生产成本，但是股权激励会显著正向作用于异常酌量性费用。有学者考察了银行业股权激励和盈余管理的关系，研究认为当股权激励与潜在的监管干预程度均比较高的时候，银行的高管人员进行企业盈余上调的动机更强；而当股权激励程度较高而监管审查程度相对低时，银行的高管人员上调企业盈余的动机会大大减小。因此，股权激励与盈余管理的相关关系并不明显（Cheng et al.，2011）。

也有学者将盈余管理具体分为应计盈余管理和真实盈余管理两种方式，分别探讨股权激励对不同盈余管理方式产生的影响，得出的结论不尽相同。有学者对公司高管的股权薪酬激励计划是否会影响应计盈余管理、真实盈余管理分别进行研究，发现公司的高管股权薪酬激励和应计盈余管理之间呈显著的正向影响关系，表明高管的股权激励会引发应计盈余管理行为，相反，公司的高管股权薪酬激励和真实盈余管理之间呈显著的负向影响关系，表明高管的股权激励会抑制真实盈余管理行为的发生（Chen et al.，2015）。陈大鹏等（2019）以 A 股非金融上市企业为样本，发现员工持股与公司应计盈余管理水平显著正相关，蒋卫华（2019）的研究也验证了此观点。

除了关注股权激励与盈余管理的总体关系，研究者还深入研究了不同股权激励方案要素对盈余管理的影响，这种研究方法有助于细化对股权激励与盈余管理关系的认识。何凡（2010）研究发现，增加激励股权数量可能导致股权激励实施前的盈余管理行为加剧，而且股权激励模式对实施后的盈余管理也会产生显著影响。具体而言，在实行业绩股票模式时，公司的盈余管理行为较实行非业绩股票模式时更为严重。

第七节　文　献　述　评

近年来，随着全球资本市场的不断发展和企业治理研究的深入，股权激励作为一种有效的激励机制受到广泛关注，这一机制旨在通过将高管利益与企业长期绩效挂钩，激发管理层的积极性。随着股权激励的广泛应用，其可能带来的盈余管理问题也逐渐成为企业治理领域的重要议题。此外，高管特征在企业战略决策中的作用被越来越多的研究发现，但对其与股权激励模式及盈余管理的系统性研究尚显不足。以下旨在通过对相关文献的梳理与述评，探讨高管特征、股权激励模式与盈余管理三者之间的关系，为进一步研究奠定理论基础。

（1）高管特征对股权激励模式选择的影响研究较少。股权激励作为一种有效的管理工具，已被广泛用于员工激励，尤其是激励高层管理人员，以增强其与公司目标的一致性。在研究股权激励模式时，学者们主要关注不同股权激励模式的优劣及其选择的影响因素。大多数研究主要从公司的规模、成长性等宏观特征出发，这种方法存在一定的局限性，具体来说，研究大多假设激励对象是同质的，忽略了管理层的个体差异。而股权激励的核心目标是通过降低代理成本来激发个体的工作动力，因此，高管个体特征的考量至关重要。肖淑芳等（2016）在其研究中首次引入了被激励对象的差异性，探讨了高管与核心技术人员在股权激励模式选择上的不同，尽管如此，这一研究并未深入探讨激励对象的具体特征如何影响激励模式的选择。高阶理论（Upper Echelons Theory）强调高管的个人特征（如年龄、性别、任期和学历）对其价值观、风险偏好、决策过程和行为能力的影响。刘凤朝等（2017）的研究进一步证实，这些差异会直接影响高管的投资决策和公司的整体表现。股权激励模式包括股票期权、限制性股票等，每种模式都有其特定的特点和风险，适合不同的公司环境和激励需求，企业在选择股权激励模式时，须考虑激励对象的个性特征，以确保激励机制与被激励者的风险承受能力相匹配，从而实现最佳的激励效果。

本书基于2006~2022年的上市公司股权激励数据，深入分析了高管特征对股权激励模式选择的具体影响。通过深入的实证分析，发现高管特征会影响股权激励模式的选择，研究扩展和深化了已有关于股权激励模式选择的影响因素研究。

（2）高管特征对盈余管理行为的影响研究较少，并且基于高管特征和盈余管理类型的细化分类研究不足。

关于盈余管理的影响因素，现有研究集中于公司规模、成长性、股权结构及股权激励等方面（Hazarika et al.，2012；Dutta and Fan，2014），这些研究提供了盈余管理动因的重要视角，尽管如此，实际中盈余管理的发生频率并未减少，表明可能存在其他未被充分考虑的变量。已有研究无法通过公司的基础特征来全面解释这些行为，即便引入如行业特性和制度环境等控制变量，仍难以完全揭示其背后的动因（Bowen et al.，2008），这些情况表明研究可能忽略了公司高管的异质性。实际上，高管作为决策的主体，其个人特征对盈余管理至关重要。当前，关于高管特征与盈余管理的研究还较为有限，且集中在高管的内在特征，如年龄、性别、任期及学历等方面。然而，高管的外在特征，如社会资本、是否兼任多职、高管持股等也对盈余管理行为有显著影响。社会资本包括高管的海外背景、政府联系、兼职经历等，是高管在社会网络中的位置和能力的反映，社会资本不仅是高管的隐性人力资本，而且在很大程度上影响着高管的决策行为。社会镶嵌理论提出，经济行为是在社会关系网中形成和发展的，社会关系会在不知不觉中影响个体的经济决策（孟岩和周航，2018）。社会关系不仅是一种文化特征，更具有实际的经济价值。鉴于此，本书将高管的社会关系属性纳入高管特征的衡量中，进一步分析这些特征如何影响股权激励模式的选择及盈余管理行为。

盈余管理类型化的细分不足。虽然学界已认识到应计盈余管理与真实盈余管理的差异，但现有研究通常将盈余管理作为一个整体变量进行分析，忽略了不同类型盈余管理在形成机制、表现形式和影响因素上的差异。例如，应计盈余管理多依赖会计准则的灵活性，而真实盈余管理则更依赖经营决策的自由裁量权。高管特征如何在这两种类型中起作用，尚未形成系统的分析框架。本章基于盈余管理的不同类型，细化分析高管特征如何分别作用于应计盈余管理和真实盈余管理。

（3）高管特征、股权激励模式与盈余管理行为纳入同一框架的系统性分析不足。现有文献中，多数研究将高管特征、股权激励模式与盈余管理行为分开讨论，而较少将三者纳入同一分析框架。实际上，高管特征不仅直接影响盈余管理行为，还通过对股权激励模式选择的影响，间接作用于盈余管理行为。而对于股权激励模式的中介作用缺乏实证验证，不同股权激励模式（如股票期权与限制性股票）对盈余管理的影响机制存在显著差异，但现有研究多集中于激励模式对盈余管理的直接作用，而忽视了高管特征对激励模式选择的关键影响，通过构建高管特征－股权激励模式－盈余管理的中介路径模型，可以更全面地揭示三者之间的作用关系。本书构建了高管特征、股权激励模式与盈余管理行为的整合理论框架。

第三章 理论分析与研究假设

第一节 高管特征、股权激励模式
与盈余管理的理论框架分析

公司在选择股权激励模式时，需要综合考虑公司的基本情况，例如公司的规模、成长性、资产负债率、现金流状况以及股权结构等因素，这些因素共同构成了公司的经营环境和财务状况，对于公司股权激励模式的选择至关重要。但股权激励的成功不仅取决于这些公司特征因素，更重要的是要重视被激励者的具体情况，特别是高层管理人员的特征，因为他们的行为和决策将直接影响公司的未来发展和业绩。根据高阶理论，高层管理团队的特征，如年龄、性别、任期、学历等，会影响他们的价值观、风险偏好、决策判断和行为认知能力（刘凤朝等，2017），进而影响公司的发展，例如，年轻的管理层可能更倾向于冒险和创新，而经验丰富的管理层可能更注重稳定和长期发展。

关于不同的股权激励模式，如股票期权和限制性股票，各自具有不同的特点和风险。股票期权模式由于其不对称的收益和风险结构，对于那些更愿意冒险、追求高收益的管理层来说更具吸引力。相比之下，限制性股票由于其收益和风险对称的特性，更适合那些风险偏好较低、注重稳定性的管理层，因此在选择股权激励模式时可能会受高管特征的影响。在股权激励模式的选择中，股票期权模式相比于限制性股票模式，承担的风险更大，可能会对股权激励的实施效果产生重要影响。

股权激励模式的不同会对盈余管理产生影响。在股票期权模式下，高管拥有在行权到期时以特定价格购买公司股票的权利，若行权期间公司股价高于行权价，高管可选择行权获利；反之，则可以选择放弃，避免损失，这种收益和风险不对称的结构可能促使高管为了行权获利目的而进行盈余管理。对负面结果如业绩下滑或盈余管理被发现的风险考虑较少，这增强了高管进行盈余管理的动机。相比之下，限制性股票模式通常包含一定的解锁期和限售期，高管必须达到规定的考核目标后才能解锁股票，并在一定期限后方可出售以获得收益，在这种模式下，如果高管进行盈余管理，可能无法满足解锁条件，从而导致已持有的激励股票收益受损。因此，限制性股票模式下高管的盈余管理动机较弱。即使未来公司股价下跌，持有的限制性股票仍可带来收益，在这种情况下，高管更可能采取稳健的经营和投资策略，以确保自己的激励股份能顺利获得和出售，从而获取收益。

企业发布的财务报告是在特定会计准则下，由高层管理人员向股东和其他相关利益相关方报告公司的经营业绩和财务状况的重要工具，财务报告不仅提供了企业经营的透明度，而且也是信息传递和沟通的重要途径。在发布过程中，高管扮演着关键的角色，特别是在影响公司盈余信息质量方面。由于存在委托代理问题，经常出现管理层的利益与公司所有者利益不一致的情况，管理层可能会从自身利益出发，作出不利于公司长远发展的决策。在两权分离的情境下，管理层与所有者之间，尤其在盈余信息方面易存在信息不对称现象。管理层拥有信息优势，可能利用这一优势来调整或控制以报告盈余为基础的薪酬方案，从而进行盈余管理以最大化自身利益（高敬忠和杨朝，2020）。管理层是否采取这种操控行为，通常取决于其个人的行为认知能力、价值观、内在品质和风险偏好，这些可以通过管理层的教育背景、年龄、性别等特征来衡量。

第二节　高管特征对股权激励模式影响的
理论分析与研究假设

一、不同股权激励模式的特点分析

股权激励模式主要包括股票期权和限制性股票，这两种模式在特征和风险方面各有差异，本书从以下几个方面深入分析股权激励模式的差异。

（一）权利义务与激励惩罚的对称性

股票期权与限制性股票在权利义务及激励惩罚的对称性方面存在本质区别。在股票期权激励模式下，高管拥有行权获利的权利，但若股价下跌或未达业绩目标时，可以选择放弃行权，因而不会造成实质利益损失，不存在惩罚性。这种模式具有较强的凸性特征，与高管的风险承担能力更为匹配，促使高管的行为决策更倾向于选择高风险项目。相比之下，限制性股票激励模式的权利义务是对称的，高管利用个人资金或公司激励基金购买公司股票，但若未达到业绩考核要求，则不能出售股票，这直接造成个人的损失，并且限制性股票收益与业绩变化和股价紧密相关，因此具有一定的惩罚特性。

（二）等待期与解锁期的区别

股票期权通常在授予后需要经过一定的等待期（通常一年以上）后才能行权，且可分次行权，一旦达到行权条件，对于出售股票不再有限制。相反，限制性股票在高管获得后有两年或更长的限售期，随后进入三年或更长的解锁期，只有在满足严格的解锁条件后，才可将限定数量的股票出售，因此，这两种模式在等待期和解锁期方面存在明显差异。

（三）行权价格、授予价格、价值评估及激励力度的差异

股票期权的行权价通常须不低于激励计划公布前的公司股票收盘价，其价值评估较为复杂，常用 Black-Scholes 期权定价模型或二叉树定价模型计算，同时考虑时间价值。而限制性股票的授予价格相对简单，通常按股票来源规定价格，如来源于激励基金的股票通常为公司免费赠予；来源于回购的股票则按一定折价转让；来源于定向增发的股票按前 20 交易日股价均值的 50% 以下授予。限制性股票的价值主要在于授予价格与当日市场价格的差额。股票期权的行权价有最低限制，而限制性股票授予价格通常是低价、折价甚至是免费授予高管，因此在同等数量下，限制性股票带来的收益通常高于股票期权带来的收益，这意味着持有股票期权的高管需要通过努力工作来提升业绩以获得收益，而限制性股票则只要求高管有一定的工作年限，且收益较为稳定。

（四）会计核算、现金压力的差异

在股份支付方面，限制性股票和股票期权存在操作和程序上的差异，这导致它们在财务报表中的呈现方式也不尽相同。具体来说，限制性股票激励模式下，上市公司需支付较多现金来获取所需的公司股票。若公司选择预提激励基金，则必须先与信托机构协作完成激励基金的交付，随后由信托机构进行股票交易；若采用股东转让股票的方式，则需要公司支付等额的回购价给大股东。无论是哪种方式，都可能导致上市公司经历一次性的大额现金流出，对其日常运营产生不利影响。股票期权激励模式下，通常只在期权行权时才考虑股份的来源，且激励对象也需承担部分成本，因此股票期权模式下的公司现金流出量通常小于限制性股票模式下的公司现金流出量。

在新会计准则下费用化处理方面的差异。在实施这些新准则时，尽管不同上市公司可能因激励模式不同而采取不同的费用分摊方法，但遵循费用化的基本原则不变，无论采用哪种费用化方式，都会影响公司的利润表和资产负债表。但不同激励模式的影响具有本质区别，限制性股票的费用化处理体现为实际现金流出，具体表现在公司资产的减少和实际费用的增加，从而导致利润下降，这更能反映上市公司的实际经济活动，符合会计真实性的初衷。相比之

下，股票期权的费用化处理则是虚拟的，它不涉及实际现金流出，虽然最终导致营业利润减少，但并不代表当期真实的盈利状况，并且股票期权模式下预估的费用是否真实发生，需要等到行权期满后才能确定，即使激励对象选择行权，也难以实现费用的完全匹配。

（五）股利分配方式与证券市场反应的差异

与股票期权相比，选择限制性股票的公司更倾向于发放股利。在证券市场的反应方面，股票期权模式对股价更为敏感，股价的公告效应非常显著，限制性股票对证券市场的影响并不明显。

二、高管内在特征对股权激励模式影响的理论分析与研究假设

（一）高管年龄对股权激励模式影响的理论分析与研究假设

根据高阶理论，高管年龄不仅反映了他们在阅历、知识文化等方面的差异，也显现了其价值观、判断决策行为、风险偏好等多方面的特征。年轻的高管通常精力充沛，具有积极向上的态度，学习能力强，对外部环境的变化适应性强，擅长资源和信息的整合运用，他们往往急于展示自己的能力，寻求快速提升，因此更倾向于选择高风险的投资项目，表现出较高的风险偏好。股票期权模式由于其激励性质，可促使这类高管进行风险投资。

随着高管年龄的增长，他们的精力可能会逐渐减弱，变通和认知能力可能会降低，知识结构逐渐老化，新知识和观点的学习掌握能力下降，对外部环境的适应性弱化，在投资、经营、决策方面的自信也可能降低。此外，由于承担养老和育子的责任，年长高管更加重视收入和工作的稳定性，倾向于采取保守、规避风险的态度。他们可能通过减少投资于研发、维持较低的经营杠杆等低风险投资策略来降低公司风险（盛明泉和伍岳，2017）。

综合对两种股权激励模式特点及风险的分析，股票期权模式对股价的敏感度较高，若股价下跌或未达预设业绩指标时，高管可能无法获益，因而风险较大，更适合年轻、具有冒险精神的高管。而限制性股票基本属于现股，只要高管达到规定的解锁条件即可出售，它将公司与高管的利益紧密结合，对高管的

约束性较强，通常对持有者的工作年限有一定要求，因此这种模式更适合年长的高管。基于此提出以下假设。

假设 H3 – 1：高管年龄越大，公司越倾向于授予其限制性股票；相反，对于年轻的高管，公司更倾向于授予其股票期权。

（二）高管性别对股权激励模式影响的理论分析与研究假设

通常情况下，女性高管更不容易进行过度投资行为，女性高管所管理的公司通常特征为低杠杆率、较小的收益波动，比男性高管所管理的公司拥有更高的生存机会（李彬等，2017；Faccio et al.，2016），这一现象在心理学、社会学和行为经济学等研究中得到了支持，高管的性别差异会在经营管理风格、战略决策、价值取向、风险态度以及对外部环境应激能力等方面体现出显著区别。通常，女性高管表现出较强的风险厌恶倾向，她们在做出投资决策时倾向于追求公司的长期稳定增长，更加注重公司会计稳健性，而在面对高风险投资项目时则表现出规避态度。

相反，男性高管在投资决策中更倾向于承担风险，通常表现出过度自信。面对相同风险情境，男性可能将其视为挑战，而女性则可能视之为威胁。有学者研究指出，性别在管理者的工作风格上有显著区别，男性高管在进行经营决策时表现得更为坚决和果断、反应迅速，而女性高管则表现得更加慎重和全面。因此，相对于女性，男性更倾向于选择风险投资决策（Peng and Röell，2007）。

学者们认为与限制性股票相比，股票期权模式对公司的研发投入有更大的促进作用（杨大凤，2015）。结合上一部分对不同股权激励模式的特点进行比较分析，股票期权模式下，高管在面临股价下跌或未达到预设业绩指标时可以选择放弃行权权利，而不必承担实质性的利益损失，这种模式具有较强的凸性特点，对高管的风险承担能力更为有利，因此更适合男性高管。而限制性股票模式则要求高管在未达到预设业绩考核要求时无法出售持有的股票，直接造成个人利益的损失，其收益与公司业绩变化和股价波动紧密相关。并且限制性股票要求高管在获得后有两年或以上的限售期，之后进入三年或以上的解锁期，最终在满足严格的解锁条件后才能出售全部股票，这种模式更适合行事谨慎的女性高管。基于此提出以下假设。

假设 H3-2：对于女性高管，公司更倾向选择授予其限制性股票；对于男性高管，公司更倾向于选择授予其股票期权。

（三）高管任期对股权激励模式影响的理论分析与研究假设

高管任期能够体现其对公司文化背景、经营理念、发展战略、内外部环境、公司人员等方面的熟悉程度，任期长的高管通常在信息传达、思想沟通、方法共享、团队合作等工作方面效率更高，进而影响公司经营决策与公司绩效。高阶理论认为高管任期时间越久，其在经营决策中会更加倾向保守和稳定战略，使得公司的经营绩效也更接近于平均水平。

任期较短的高管往往拥有的经营经验不够丰富，此时高管还没有表现出自己的能力，公司对其不会给予过高的薪酬，高管也不会有过高的薪酬诉求。股票期权的行权价规定不得低于股权激励方案公布时的股票市场价格，这一要求使得高管通过自己的努力提高公司业绩和股价，进而通过行权方式获益。股票期权更具有不确定性，表现为对股价更为敏感，这也要求高管必须努力地工作，来提升公司股价，这一特点符合任期短的高管，因此股票期权模式更适合任期短的高管。

随着高管任期增加，获得的经验也更加丰富，对公司各方面也更为熟悉，这在一定程度上促使其可以利用所获得的经营经验来提高公司的业绩。随着高管任期的逐步延长，公司股东也对其人品、投资经营策略等方面有了更多了解，这种情况下限制性股票模式对其更为合适，因为股票期权的行权价有最低价格要求的规定，而限制性股票的价格授予规则简单，通常是低价、折价甚至是免费授予高管，低于股票期权行权价，因此如果公司授予同样数量的两种股权激励模式，那么在高管行权、出售股票时，限制性股票会因为其授予价格低而带来更多收益，限制性股票要求高管具有一定工作年限，且该模式收益稳定，因此更加适合任期较长的高管。基于此提出以下假设。

假设 H3-3：高管任期久，则公司倾向于授予其限制性股票；高管任期短，公司倾向于授予其股票期权。

（四）高管学历对股权激励模式影响的理论分析与研究假设

高管学历不仅反映了其接受教育的深度、时长和相关知识体系，还显现了其认知和思考能力。通常情况下，学历水平高的高管，其知识结构更为丰富，认知视野更为广阔，专业能力更强，处理问题更加理性，从而更有可能做出最佳决策。高管接受的教育，有助于其提升知识水平，形成先进理念，更容易理解复杂的技术和抽象概念，增强其面对知识挑战的能力。同时，高管在教育过程中建立的社交网络，有助于其获取有效信息，进而优化决策，推动公司未来发展。

高学历高管经历较长的教育时长，机会成本较高，这导致他们对薪酬激励的强度和报酬期望也更高，企业往往愿意投入更多的激励成本以吸引和留住这些人才，同时他们通常表现出更强的风险厌恶倾向，更倾向于采用稳健的经营战略，在职业规划上更倾向于工作稳定，而不是频繁跳槽。限制性股票作为一种薪酬激励方式，通常要求高管使用自有资金或公司激励基金购买股票，其收益较为稳定，同时，限制性股票模式下，高管需要在获得股票后经过至少两年的限售期，随后进入至少三年的解锁期，并满足解锁条件后才能出售股票。因此，限制性股票激励模式更适合高学历高管。

相比之下，学历较低的高管，公司更倾向于激励他们通过自身表现和努力提高公司业绩，从而获得收益。股票期权模式规定行权价不得低于激励计划公布前的公司股票收盘价，这要求持有股票期权的高管必须更加认真地工作以提高业绩、获得收益。基于此提出以下假设。

假设 H3-4：高管学历越高，公司越倾向授予其限制性股票；学历较低的高管，则公司更倾向于授予其股票期权。

三、高管外在特征对股权激励模式影响的理论分析与研究假设

（一）高管社会资本对股权激励模式影响的理论分析与研究假设

社会资本的作用不容小觑。对于企业高管来说，社会资本是指通过与社会各界建立的广泛联系而获取的稀缺资源，它被视为一种重要的无形资产。高管

们在制定战略决策时，常常依赖于社会资本，它成为协调企业内外各种关系、稳固公司发展的重要工具（赵晶和郭海，2014）。社会资本体现在多方面，例如具有海外背景的高管不仅精通国际规则、具备跨文化沟通能力和前瞻性思维，还能利用在海外学习期间获取的先进技术和管理经验来增强公司的国际竞争力，他们的海外人脉网络可为企业拓展国际市场提供重要便利；有政府工作背景的高管更擅长理解并满足当地社区及政府对公司的期望；曾在非营利组织或教育部门任职的高管通常享有较高的社会地位和声誉；高管与高校或科研院所建立的联系则使公司更容易接触到科学技术领域的最新研究成果，从而有助于满足市场和客户对新技术的需求（高凤莲和王志强，2016）；高管在其他公司担任兼职，则显示了其在行业中得到的专业认可。

依据马斯洛的需求层次理论，拥有丰富社会资本的高管更易超越物质激励，追求更高层次的尊重和自我价值实现。社会资本具有显著的传染效应，一旦高管因玩忽职守而遭到法律制裁或媒体曝光，不仅会引发社会公众的强烈反感，其精心培养的社会网络关系和良好声誉也会迅速瓦解。因此，玩忽职守所带来的成本对于他们来说极为高昂。为了维护和提升自己的社会公信度，拥有丰富社会资本的高管通常更加勤勉、谨慎、忠于职守。在战略决策上，他们倾向于稳健，不愿冒险，以免毁掉自己经营的复杂社会关系网。在职业规划中，他们也更注重工作稳定性。

限制性股票模式的风险规避效应明显强于股票期权模式，因此更适合用于激励拥有丰富社会资本的高管。此外，这类高管对薪酬激励的强度和报酬期望值通常更高，企业因而需投入更多激励成本来吸引和留住这些人才。限制性股票模式通常采用公司基金或低价、折价甚至免费方式授予股票，更适合授予社会资本丰富的高管。相比之下，社会资本较少的高管尚未积累丰富的管理经验和社会资源，需要通过自身的表现和努力来提升企业业绩，从而获得收益，因此股票期权模式更适合授予他们。基于此提出以下假设。

假设 H3－5：高管社会资本越丰富，公司越倾向于授予其限制性股票；高管社会资本越低，则公司倾向于授予其股票期权。

（二）高管两职合一对股权激励模式影响的理论分析与研究假设

在上市公司中，当高管担任董事长与总经理的双重职务，即两职合一时，这种安排往往会影响管理层之间的独立性，从而削弱相互间的监督效果。在股权激励计划下，如果存在董事长和总经理职务合一的情况，可能会导致管理层监督机制的弱化。两职合一的安排，表明公司对高管的极高信任，同时也意味着高管对公司发展承担着更大的责任，这种情况下，高管通常会更加注重个人声誉，以避免因盲目投资而造成声誉和财务的双重损失，从而倾向于采取风险规避型的行为决策。因此，在限制性股票模式下，高管不太可能采取风险投资策略，因为限制性股票模式的风险规避效应相较于股票期权模式更为显著，更适合用于激励那些担任两职合一的高管。此外，两职合一的高管通常对薪酬激励的强度和报酬期望值较高，而限制性股票模式通常采用公司基金或者以低价、折价甚至免费的方式授予股票，这种方式更符合两职合一高管的特点。基于此提出以下假设。

假设 H3 - 6：两职合一的高管，公司越倾向于授予其限制性股票；两职分离独立的高管，公司更倾向于授予其股票期权。

（三）高管持股对股权激励模式影响的理论分析与研究假设

有学者研究发现，公司高管持股比例越低，与外部股东的利益分歧越明显，委托代理成本也更高（Jenson and Meckling，1976），而高管持股比例越高，越有助于减少委托代理成本（季勇，2010）。基于此观点，本书认为，当高管持股比例较高时，有助于高管的利益与上市公司的利益趋于一致，促进双方之间的协同效应，进而影响经理人的风险偏好，使其倾向进行创新研发活动，更有可能促进研发投资（游锐意，2020）。股票期权模式更能激励高管进行研发支出和承担风险，其激励效应相较于限制性股票模式更为显著，因此股票期权模式更适合持股比例较高的高管。相反，当公司经理人的持股比例较低时，委托代理成本增加，更容易发生与外部股东的利益分歧，为了更好地约束企业高管，通常会采用更为严格的激励契约，即限制性股票模式。因此提出以下假设。

假设 H3 - 7：高管持股比例较低，公司更倾向于授予其限制性股票；高管持股比例较高，则公司更倾向于授予其股票期权。

第三节　股权激励模式对盈余管理影响的 理论分析与研究假设

一、不同股权激励模式对高管行为决策影响的理论分析

企业在运营和发展的过程中，面临的核心问题之一是如何协调委托人与代理人之间的利益关系。高管作为代理人，其行为决策直接影响企业的长期发展和股东价值。然而，由于委托代理问题的存在，高管可能表现出投资不足或过度投资的倾向，尤其是在面对不确定性和风险较高的投资项目时。本书分析股票期权和限制性股票两种典型股权激励模式对高管行为决策的不同影响。

股权激励是企业通过赋予高管一定的股权，激发其为股东创造价值的一种机制。从经济学的视角看，股权激励的本质是将高管的个人利益与企业业绩挂钩，以缓解因利益不一致导致的委托代理问题（Jensen and Meckling，1976）。具体来说：（1）风险与收益的权衡，高管在投资决策中既需要承担一定的风险，也期望从成功投资中获得收益，如果高管的个人收益与企业业绩相关联，他们更有动力作出对企业长期发展有利的决策；（2）短期目标与长期目标的平衡，不同的股权激励模式对高管的影响可能存在短期和长期的激励效应差异，例如，短期激励可能促使高管偏向关注年度业绩，而长期激励则可以引导其更注重企业的长期价值；（3）激励与风险承担，高管对风险的态度是股权激励设计的重要考量因素，高风险、高回报的投资项目通常与企业创新和研发投入相关，而高管的风险偏好会显著影响其在此类项目中的决策行为。

在股票期权模式下，高管可能会更加大胆地进行风险投资，因为若投资失败导致公司股价下跌，高管可以选择不行使期权，从而避免损失；相反，如果投资成功使股价上涨，高管通过行使期权可以获得收益。这种模式能够促进高管的风险投资行为（Heron and Lie，2017）。

（一）股票期权模式对高管行为决策的影响

股票期权是一种典型的长期激励工具，它赋予高管在未来特定时间以固定价格购买公司股票的权利。股票期权的收益结构具有非对称性，即如果公司股价上涨，高管可以通过行使期权获利；而如果股价下跌，高管则可以选择不行使期权，且不会因此承担损失，这种结构使高管的风险承担意愿明显增强。股票期权的激励效应能够促进高管进行高风险、高回报的投资决策，例如研发投入和新市场的开拓（Heron and Lie，2017）。股票期权将高管的个人利益与公司股价的增长挂钩，当公司股价上升时，期权的内在价值增加，这会驱使高管更倾向于选择可能带来较高股价波动的投资项目，对于那些具有高收益潜力但存在较大不确定性的投资，高管的态度可能更加积极。虽然股票期权能够激励高管承担更多风险，但其也可能导致短期行为，例如，为了快速提升公司股价以实现个人利益，高管可能采取操控盈余或削减长期投入的方式（Dechow and Sloan，1991）。

（二）限制性股票模式对高管行为决策的影响

限制性股票是一种较为保守的股权激励模式，高管在获得股票后，必须满足一定的业绩考核要求或时间限制，才能将其变现。与股票期权相比，限制性股票对高管行为决策的影响存在显著差异。

限制性股票将高管的个人利益直接与公司股价挂钩，如果高管在持股期间股价下跌，他们不仅无法获利，还可能蒙受实际损失，研究表明，限制性股票的价值与企业风险呈负相关，且会加剧高管的风险厌恶水平（叶陈刚等，2015）。由于限制性股票的价值在股价下跌时显著减少，高管更倾向于选择低风险、低波动的投资项目，例如，他们可能优先选择稳定的并购或保守的资本开支计划，而拒绝风险较高的研发项目。

尽管限制性股票可能加剧高管的风险厌恶，但其也具备一定的长期激励效果，通过设定长期业绩考核条件，例如3~5年的股价增长目标或净利润指标，企业可以引导高管更关注长期战略规划而非短期利益。

二、股权激励模式对应计盈余管理影响的理论分析与研究假设

应计盈余管理通过调整企业会计政策和估计（如坏账准备计提、存货减值、折旧政策等）对财务报表中的非现金项目进行操控。高管选择应计盈余管理的原因主要包括以下几个方面：（1）隐蔽性强，应计盈余管理不涉及实际经营活动的调整，而是依赖会计准则的灵活性进行操控，因此难以被外部监管机构和审计师及时发现；（2）操作成本低，相较于真实盈余管理，应计盈余管理仅需调整会计科目，无需改变企业的实际生产经营活动，因而操作成本较低；（3）短期效应明显，应计盈余管理能够迅速影响利润表和资产负债表中的数据，从而提升公司短期财务表现。股权激励模式的设计通过影响高管的风险偏好和收益目标，进而影响应计盈余管理行为。

股票期权的设计特点使其在提升高管积极性和风险承受能力的同时，也可能激发高管进行应计盈余管理的动机。股票期权为高管提供未来以固定价格购买公司股票的权利，其价值取决于公司股票价格相较于行权价格的差异。因此，股票期权具有以下几个核心特性：（1）与短期股价紧密关联，股票期权的收益与公司股价直接挂钩，短期内股价的提升显著增加期权的潜在价值；（2）非对称性收益结构，股票期权的损失有限（仅为未实现收益的丧失），而收益具有理论上的无限上升空间，这种非对称性使高管更倾向于冒险，通过短期操控推高股价；（3）高波动性激励效应，股票期权的价值随股价波动性增加而增加，高管可能选择通过盈余管理引导市场预期，人为制造股价波动。

股票期权影响应计盈余管理主要从以下方面进行分析：（1）提升短期股价的强烈动机，股票期权的激励效果集中在行权期内，高管若希望在短期内最大化个人收益，需尽可能提升公司股价，而公司股价往往受盈利能力、每股收益等财务指标的影响，通过应计盈余管理操控利润，高管可以快速提升财务指标，从而引导市场对企业前景的乐观预期，推高股价；（2）由于应计盈余管理不涉及实际经营活动的调整，其操作成本较低，且能够在不显著改变公司经营风险的前提下实现利润操控，这种低成本高隐蔽性的特性与股票期权的短期激励效应高度契合，使高管倾向于采用应计盈余管理作为提升短期股价的手

段；（3）股票期权赋予高管在规定时间内以约定价格认购公司股票的权利。如果在行权期内公司股价远低于行权价格，高管可能放弃行权；相反，若股价高于行权价格，高管则可能行权并出售股票以获利。在这种模式下，高管可能存在较大的风险承担动机，因为股票期权的收益与风险呈现不对称性，持有股票期权的高管在公司股价下跌时不必承担损失，与限制性股票模式相比，他们不需要面对股票减值的风险，即便在满足行权条件后，高管也可以根据自己的判断自由选择行权时机，因此，在股票期权模式下，高管为了达到行权目的而进行盈余管理的动机大大增强，即使盈余管理行为被发现导致股价下跌，高管损失的仅是未实现收益，而非实际资金。也有研究表明，持有更多股票期权的高管更倾向于通过调整会计科目操控盈余，以提升股价并实现个人利益最大化（Cheng and Warfield，2005）。

与股票期权相比，限制性股票是一种低风险低回报的激励模式，其收益与股价的短期波动关系较弱。限制性股票模式直接授予高管一定数量的公司股票，但附带持有期限或业绩考核条件，其具有长期绩效导向。限制性股票的解锁条件通常与长期财务目标挂钩，例如三年或五年的净利润增长率或股东总回报率；与短期股价关联性较弱，限制性股票的价值在短期内较为稳定，受到短期股价波动的影响较小；收益对称性，限制性股票的收益与股价直接挂钩，无论股价涨跌，均会对高管的个人财富产生实际影响。因此，这种激励模式下，高管对风险的容忍度较低。

限制性股票模式的长期激励效应能够抑制短期行为倾向，使高管更注重企业长期价值的创造。由于解锁条件往往与长期绩效指标挂钩，高管更倾向于采取有利于企业持续发展的行为，而非通过应计盈余管理提升短期财务表现，应计盈余管理的短期效应可能破坏企业长期价值，从而降低高管的个人收益，为避免此类风险，高管可能选择更加保守的会计政策和财务决策。通常，限制性股票的激励契约中规定了一定的解锁期和限售期，要求高管在达到规定的考核目标后才能解锁，并在一定的限售期后才能出售股票获利，这种情况下，高管进行盈余管理的动机相对较弱，因为在解锁期和限售期的约束下，如果高管采取盈余管理，可能无法达到解锁条件，从而导致持有的激励股票价值受损，因此限制性股票模式能够显著降低高管进行盈余管理的概率。有研究发现限制性股票激励的使用降低了公司财务报表操控行为的频率（Efendi et al., 2007）。基于此，提出以下假设。

假设 H3-8：在上市公司中，与授予限制性股票相比，授予高管股票期权激励模式更容易引发高管进行应计盈余管理。

三、股权激励模式对真实盈余管理影响的理论分析与研究假设

股票期权的收益与公司股票价格的增长直接挂钩，但并不因股票价格下跌而导致损失，因此高管具有更强的动机通过各种手段提升股价，尤其是在行权期之前。真实盈余管理（如减少研发支出、提前确认收入、延迟确认费用等）直接影响公司短期业绩，并能够迅速推高股价。股票期权的高杠杆性使得高管的个人收益对股价变化非常敏感，这种激励效应可能导致其更倾向于采取真实盈余管理行为。股票期权的看涨特性使得高管的风险偏好增加，由于期权价值随股价波动性增大而增大，高管为了提高期权价值，可能愿意采取更加激进的财务操作，例如通过真实盈余管理营造公司业绩改善的假象。

真实盈余管理往往被认为是一种短期策略，可能在中长期损害公司价值。然而，对于期权激励下的高管而言，其关注点可能更多集中在短期内股票价格的表现，而非长期价值。

限制性股票是直接授予高管一定数量的公司股票，但通常附带一定的锁定期与业绩考核要求。限制性股票与公司股价的涨跌直接相关，因此高管有动力提升公司长期价值，而非仅关注短期股价表现。与股票期权相比，限制性股票不存在杠杆效应，高管通过真实盈余管理进行短期操作的收益相对有限，相反，真实盈余管理可能破坏公司长期发展前景，降低高管所持股票的未来价值。限制性股票的"股权"属性决定了高管承担股票价格下跌的风险。为了避免个人财富受损，高管更可能采取稳健的财务政策，而非冒险性的盈余管理行为。高管为满足业绩考核条件，可能更倾向于通过实际提升公司经营业绩（如提高销售额、降低成本等）而非操控财务数据，这种内生约束机制降低了高管实施真实盈余管理的动机。基于此，提出以下假设。

假设 H3 – 9：在上市公司中，与授予限制性股票相比，授予高管股票期权激励模式更容易引发高管进行真实盈余管理。

第四节 高管特征对盈余管理影响的理论分析与研究假设

一、高管特征对高管行为决策的影响分析

在高阶理论的框架下，高管的行为、认知和价值观等特征被认为是影响其对信息解读和经营战略决策，进而影响公司的业绩的关键因素。然而，人的内心特征十分复杂，不易直观观察或量化，因隐私和利益问题，获取这些数据的真实性和有效性也存在挑战。幸运的是，高管的年龄、性别、任期、教育背景等外在特征通常容易识别和观测，这些特征可作为个人价值观、风险偏好等心理特征的指标，相关研究表明，不同的高管特征会影响他们对风险的感知，从而影响公司的经营决策、投资行为和绩效（刘凤朝，2017）。有学者研究发现，高管的年龄、任期、教育背景等特征与公司的创新绩效有显著相关性（Hambrick and D' Aveni，1992）。

关于高管的特征，许多研究从高管的过度自信或乐观的角度分析其对经营决策的影响，过度自信的高管可能会高估自己的能力，如对公司合并重组的能力和并购后创造的价值过于乐观，这可能导致并购行为的失败和损失（Malmendier and Tate，2005），特别是在公司内部资金充裕时，这种心态可能导致过度投资。而在内部资金紧张时，过度乐观的心态可能会导致高管低估公司价值，从而减少市场融资意愿，放弃一些投资机会。有研究也表明，高管的个人生活经历、过度自信和杠杆偏好会影响其融资决策和对风险的态度（Cain and Mckeon，2016）。

在现代商业环境中，企业发布的财务报告不仅仅是一份简单的财务文件，而是在特定会计准则下，由企业高管向其他相关利益相关者（如股东、投资者、债权人等）传递有关企业经营业绩和财务状况的重要信息载体，这些报告

在有效传递信息和促进沟通方面扮演着关键角色。高质量的会计信息对市场的有效运作至关重要，但其质量的高低又与市场监管的完善程度和公司内部治理结构的健全程度密切相关。为了实现理想的会计信息质量，会计准则为编制财务报告的人员和企业高管提供了一定的自主判断和会计选择的范围。然而，这种自由选择权也为高管谋取私利提供了潜在的空间，导致企业高管很可能采取会计估计、会计政策选择等手段来"粉饰"企业财务报表的盈余管理行为。

高管在公司的盈余信息质量方面发挥着至关重要的作用，由于委托代理问题的存在，高管利益常常与公司所有者利益不完全一致，这种情况下，高管可能出于自身利益的考虑，作出不利于公司长远发展的决策。在两权分离的背景下，企业高管与所有者之间的信息尤其是盈余信息存在不对称性，高管在这方面拥有明显的信息优势。因此，他们可能利用这一优势，通过调整或控制基于报告盈余的薪酬方案，进行盈余管理以最大化个人利益（高敬忠和杨朝，2020）。

盈余管理行为具有一定的危害性，且会在同行业或同地区公司中传播（Kedia et al.，2015），这种传播既可能是由外部制度和环境因素引起的，也可能是由高管个人的道德品质和性格特征所驱动的，从而使企业高管的行为趋于一致（陈冬华等，2017）。虽然外部制度环境是约束企业进行盈余管理的重要因素，但高管个人的道德品质和性格特征往往是一种更难以量化的、持续影响经营行为的因素。

在探讨高管行为时，学者们也从认知行为、价值观等方面进行了深入分析。拥有决策权的高管，特别是那些倾向于冒险的高管，可能会通过盈余管理来掩盖自己的经营失误或保护自己的职位。尽管高管通常不直接编制财务报告，但作为他们的下属，财务总监（CFO）的职业发展和报酬往往受到高管的影响和控制。因此，CFO 在会计决策中可能反映出高管的行为倾向（Feng et al.，2011），有时甚至可能与高管合谋进行盈余管理（叶德珠等，2019）。

企业高管是否会采取此类行为，通常受其个人的认知能力、人生观、内在品质、风险偏好等因素的影响。虽然难以直接且准确地衡量这些因素，但可以通过高管的特征，如学历、职业背景、年龄、性别等方面来间接地反映高管的内在特性，在此基础上进一步研究其对应计盈余管理和真实盈余管理的影响。

二、高管特征对盈余管理的直接影响的理论分析与研究假设

（一）高管内在特征

1. 高管年龄对盈余管理的直接影响

高管年龄是影响其行为决策的一个重要因素，可能会对盈余管理产生影响。年轻的高管往往表现出急于求成和过度自信的特点，他们通常有强烈的动机在公司内部建立声望和地位，为此可能更加专注于企业的短期目标，并迫切希望通过展示自己的管理能力来实现这一目的。这种追求短期成效的动机可能促使年轻高管倾向于采取盈余管理行为，以提高公司的短期业绩（李端生和周虹，2017）。同时，年轻高管由于经验相对不足，可能在管理决策中容易犯错，而盈余管理行为可以作为一种手段来掩盖这些失误，因此年轻高管可能更倾向于采用盈余管理。

相比之下，年长的高管拥有更丰富的经历和阅历，他们的决策行为通常更加稳健和审慎。随着年龄的增长，高管往往不会轻易采取冒险的经营策略，而是更加注重企业发展的长期稳定性和财务安全，因此进行盈余管理的可能性相对较低。随着年龄的增长，高管通常会积累更多的资源，能够获取更多信息，对企业资源和外部环境的判断更为准确，这有助于减少决策偏差并作出更合理的决策（Huang et al.，2012）。此外，高管的声誉与形象对其职业的长期发展有着至关重要的作用，年长的高管更加注重自己辛苦建立起来的社会声誉和形象，因此通常会避免采取冒险的经营决策。在管理决策中，他们更倾向于遵循更加保守的规章制度和历史经验，从而减少进行盈余管理的可能性（万宇洵和肖秀芬，2012）。

年龄也常被视为预测道德行为的一个有效因素。年长的高管由于受到更长时间的传统文化熏陶，通常会表现出更高的道德标准，不太可能采取有损道德的行为，这降低了进行盈余管理的可能性。综合以上分析，提出以下假设。

假设 H3 – 10：高管年龄越大，越不容易进行应计盈余管理；

假设 H3 – 11：高管年龄越大，越不容易进行真实盈余管理。

2. 高管性别对盈余管理的直接影响

随着社会的持续发展和企业治理结构的日益完善，女性高管在商业领域中的地位不断提升，公司中女性高管的比例也呈现出显著增长。在企业决策过程中，高管的性别差异对其行为方式、认知方式和风险态度等产生了显著的影响。

具体而言，男性高管在事业发展过程中往往更加注重经济利益，对事业成功表现出强烈的渴望，在激烈的商业竞争中，他们可能为了取得成绩而打破常规，展现出更冒险的行为。相反，女性高管在工作中通常表现出更温和的特质，她们重视营造和谐、团结、互助的工作氛围，由女性高管领导的公司在经营发展和财务状况方面的风险通常低于男性高管领导的公司。

因此，高管的性别差异是否会影响公司的会计盈余质量成为一个值得探讨的问题。面对相同的经营状况，女性高管往往更为谨慎和风险规避，她们的决策更稳健，这有助于提升企业的盈余信息质量。有学者研究发现女性担任高管的公司总体经营风险较低，有形资产占比较高，这一系列经济结果被认为是由高管性别差异引起的，女性高管倾向于保持风险规避的偏好（Francis et al.，2013）。相比之下，男性高管由于过度自信可能做出盲目的冒险决策，增加了决策错误或给企业带来负面影响的可能性，这种情况下高管可能采取盈余管理行为来"粉饰"企业的业绩。综合以上分析，提出以下假设。

假设 H3 – 12：公司的高管为女性时，更不容易进行应计盈余管理；

假设 H3 – 13：公司的高管为女性时，更不容易进行真实盈余管理。

3. 高管任期对盈余管理的直接影响

在高管的任职初期，公司对其能力的评估与考核主要基于公司的业绩表现，由于新任高管的具体能力通常尚未为市场和公司所充分认识，他们的工作表现主要根据当前的业绩来衡量，这种情况下，高管可能担心一开始就被认为能力不足，因此迫切希望展示自己的能力并树立良好形象，这种心态可能驱使他们通过盈余管理"美化"企业业绩，以期证明自己的能力。并且初任高管往往对于维护个人声誉的诉求相对较弱，对盈余管理可能带来的声誉损失不够敏感，因此他们可能更倾向于采取盈余管理行为。

随着高管任期的增长，高管在企业的适应和磨合过程中对企业的基本情况、所处行业环境以及人际关系等方面变得更加熟悉，他们能更有效地管理和掌控企业的各方面，并更容易动员企业的内外部资源，这有助于提升高管在运用会计政策和进行会计估计方面的能力，从而不断优化他们的思维方式和决策方法，积累的经验对高管的经营决策正确性和合理性至关重要。随着任期的延长，高管通过工作中获得更多经验和知识，更容易做出正确和合理的经营决策，如果业绩良好，高管可以获得较高的薪酬收益，无需通过盈余管理来修饰业绩（Hazarika et al.，2012）。

此外，高管任职时间的延长，表明他们工作和经营能力得到了公司董事会和股东的认可，提升了高管的良好形象与声誉。高管的声誉是他们长期职业发展中的一项宝贵无形资产，反映了社会及公司对其工作能力与品德的评价，与高管的长远利益紧密相关。因此，高管会更加谨慎地处理与盈余管理相关的决策，市场和公司对高管的能力评价不仅关注当前业绩，还会综合考虑其过去的整体业绩表现，即使出现短期业绩不佳，也更可能被视为外部市场因素的影响，而不会直接归咎于高管，因此，高管更无需通过盈余管理来改变业绩。相反，如果高管的会计决策导致公司盈余质量下降，这将引起公众、投资者和股东对过去报告财务信息可信度的质疑，从而严重损害高管的声誉，导致更大的损失。因此提出以下假设。

假设 H3 – 14：高管任期越长，越不容易进行应计盈余管理；

假设 H3 – 15：高管任期越长，越不容易进行真实盈余管理。

4. 高管学历对盈余管理的直接影响

高管的学历水平可以在一定程度上体现其学习、理解与领悟的能力。一般来说，学历较高的公司高管通常拥有丰富的专业知识、丰富的经营管理经验、广阔的视野以及活跃灵敏的思维能力，他们具备强大的信息处理与分析能力、创新意识和创新能力，在面对复杂多变的经营环境时，能够精准分析并定位，快速找到与企业发展相适应的经营策略。这些知识、经验和管理能力不仅有助于企业取得更好的业绩表现，而且为企业提供了更多的生存和发展机会。因此，拥有高学历的高管不需要通过盈余管理来提升业绩，盈余管理的动机自然会减弱。也有研究发现高管的学历水平越高，越能有效抑制企业的过度投资行为（姜付秀等，2009），这也支持了高学历高管不易进行冒险的观点。

学历水平较高的公司高管往往具备更强的法治意识、社会责任感和公正观念，他们清楚地了解盈余管理所带来的潜在负面后果，并意识到盈余管理行为可能需要付出巨大的代价。这些高管接受了长期的教育，付出了较高的成本，因此在面对盈余管理可能带来的处罚时，所承担的代价会显得更为沉重，因此，通常他们不会为了一时的短期利益而冒险采取盈余管理。基于以上分析，提出以下假设。

假设 H3 - 16：高管的学历水平越高，进行应计盈余管理的可能性越低；

假设 H3 - 17：高管的学历水平越高，进行真实盈余管理的可能性越低。

（二）高管外在特征

1. 高管社会资本对盈余管理的直接影响

社会资本被视为一种重要的隐性人力资本，高管通过与社会多方面的关系可以获得诸多重要的稀缺资源，这种资源获取能力被视为他们的社会资本（孟岩和周航，2018）。

高管拥有的社会资本可以从多个方面进行分析。例如，由于发达国家相较于新兴发展中国家拥有更健全和完善的公司治理机制，通常认为具有海外经历的高管学习掌握了先进的公司治理理念和管理经验，拥有更广泛和完善的知识结构，这些理念和经验被高管带到新的工作环境中，有效地抑制了盈余管理行为的发生（杜勇，2018）。

拥有专业认证资格、具有审计、风险投资和咨询、投行、私募等方面的工作经历，可以被视为反映高管社会资本的指标，特别是在 2002 年《萨班斯 - 奥克斯利法案》（Sarbanes-Oxley Act，SOX）颁布后，在加强企业财务管理透明度、打击会计舞弊行为、保护投资者权益的背景下，高管的财务报告责任增加，高管的会计财务知识与公司财务报告质量之间的关系受到了学术界的广泛关注，拥有会计与财务背景的高管比例显著增加（Cullinan and Poush，2011）。通常而言，具有审计等背景的高管能更清楚地理解公司的会计策略和财务报告的重要性，可能会在会计报告事项上投入更多精力，促进内部沟通，共同提升公司的财务绩效，使财务报告和信息披露质量得到显著提升。由于对公司会计报告工作涉及一定程度的会计估计、选择和判断，拥有会计和财务工作经历的高管能够更准确地进行这些工作，减少财务舞弊和盈余管理的可能性。

高管若具有学术或科研背景，或曾在科研机构工作，他们在研究中经历的严谨和谨慎训练会赋予他们保守的特性，他们的决策通常基于所获得的专业知识和严谨的思维方式。此外，高管的学术背景也意味着他们拥有较高的道德和社会责任意识、较强的风险规避意识，这可以显著降低企业的风险水平和盈余管理行为的发生概率（赵黎兵，2019）。因此提出以下假设。

假设 H3 – 18：高管的社会资本越丰富，越不容易进行应计盈余管理；

假设 H3 – 19：高管的社会资本越丰富，越不容易进行真实盈余管理。

2. 高管两职合一对盈余管理的直接影响

对于高管两职合一的情况，即公司的总经理同时兼任董事长通常表明公司对该高管的极高信任，高管的工作、品质以及经营能力已获得公司股东的认可，这显著提升了高管的个人形象和声誉。声誉是一种宝贵的无形资产，反映了社会及公司对他们工作能力和道德品质的评价，这与他们的长期利益紧密相连，因此，当高管存在两职合一的情况时，他们可能更谨慎地处理决策，避免采取冒险行为，而盈余管理正是其中一种。市场和公司不仅关注高管的当前业绩，还会综合考虑他们之前的整体业绩表现，即使短期业绩不佳，也不会直接归咎于高管，而更可能是由外部市场因素所致，因此，高管没有必要通过盈余管理来改善业绩表现。相反，若是高管做出的会计决策引发了公司盈余质量表现较差，那么就会使社会公众、投资者、股东们等质疑以前高管报告的所有财务信息的可信度，这将大大损害高管的声誉，他们将会蒙受比过去更大的损失，因此两职合一的高管会更加偏向风险规避型投资，不会冒险采取盈余管理。因此提出以下假设。

假设 H3 – 20：公司总经理与董事长两职合一，则不容易进行应计盈余管理；

假设 H3 – 21：公司总经理与董事长两职合一，则不容易进行真实盈余管理。

3. 高管持股对盈余管理的直接影响

当高管持有股份时，有助于缓解委托代理问题，因为它将高管与股东的利益更紧密地联系在一起，持有公司股份的高管不仅能分享公司的利润，同时也必须承担公司经营不善所带来的亏损，因此，从长期角度来看，高管不太可能仅出于追求短期个人利益的目标行事，而更可能通过自己的努力工作来提升公司整体业绩，从而实现自身利益与公司利益的共同最大化。

与高管的货币薪酬和其他报酬相比，持股属于一种长期激励机制，这种激励下的利益可能不会立即显现，但它直接与上市公司股价挂钩，如果股价上涨，高管所持股份的价值也随之增加。然而，股价水平又与公司的盈余质量紧密相关，因此，在高管持股的情况下，他们通常不会采取对公司不利的行为，这有助于提高公司的盈余质量。

然而，也有研究认为，高管持股水平的提升并不一定会缓解公司的委托代理问题，反而可能加剧这一问题的发生（Benmelech et al.，2010），因为随着高管持股水平的提高，管理层可能获得更大的权力和一定程度的控制权。基于这种权力，高管可能会采取盈余管理行为来最大化自己的个人利益。尽管经济学理论假设人是理性的，但高管的自利行为可能会导致委托代理关系的冲突，基于机会主义的观点，企业管理者可能存在机会主义行为，因此高管持股可能会促使他们进行盈余管理以增加自己的利益。

尽管存在以上担忧，笔者认为，从长期角度考虑，高管持股会使其利益与公司整体利益更加紧密相连，随着高管持股水平的提高，高管为了获取短期利益而损害公司利益的行为显然是不利于自身的。因此，企业高管考虑到长期利益，最终可能会减少盈余管理行为。此外，自我国实施股权分置改革以来，上市公司的股权制衡度得到显著提高，股权结构也进一步优化。虽然高管持股水平的提高可能增强了他们的控制权，但在大多数情况下，公司股东间的股权制衡能够实现相互监督，从而减少盈余管理行为的发生。基于以上分析，提出以下假设。

假设 H3 – 22：高管持股会减少应计盈余管理行为的发生；

假设 H3 – 23：高管持股会减少真实盈余管理行为的发生。

三、高管特征对盈余管理的间接影响的理论分析与研究假设

本书前一节分析了高管特征对盈余管理的直接影响，在此基础上，本书进一步考察高管特征对盈余管理是否存在间接影响关系，具体地，考察是否存在"高管特征 – 股权激励模式 – 盈余管理"的影响关系路径，探讨股权激励模式

在高管特征对盈余管理影响中的中介作用。

高管特征包括但不限于年龄、学历、任期等多方面因素，这些因素对盈余管理行为产生显著影响。例如，年轻的高管可能因追求快速的职业成功而采取更加激进的盈余管理策略，而具有丰富经验的年长高管可能更倾向于稳健的管理方式；不同的学历背景可能导致高管在处理复杂财务问题时的差异性，高学历高管可能更能理解复杂的财务信息，从而在财务报告中体现出更高的透明度和质量。

在股权激励模式方面，股权激励作为一种薪酬激励机制，通过使高管持有公司股份，使其利益与公司的长远利益绑定，从而激励高管实现公司长期的利益最大化。然而，股权激励模式的设置及其效果也可能受到高管特征的影响。例如，高管的年龄、学历和任期可能影响其对股权激励的反应，从而影响盈余管理策略的选择。

刘睿智（2017）研究发现，高管的背景特征与盈余管理行为之间存在一定关系，高管的年龄和学历特征会对企业的盈余管理行为产生影响，并且这种影响受到薪酬激励因素的作用。股权激励作为薪酬激励的一种重要方式，可能在高管特征和盈余管理行为之间起到中介作用。基于以上分析，提出以下假设。

假设 H3 – 24：股权激励模式在高管特征对应计盈余管理的影响中起到中介作用；

假设 H3 – 25：股权激励模式在高管特征对真实盈余管理的影响中起到中介作用。

第四章　高管特征对股权激励模式选择影响的实证研究

第一节　研　究　设　计

一、样本选择与数据来源

2006 年前，我国股权激励的相关法律法规不完善、实施股权激励的公司数量也较少，实施股权激励的主要目的是进行股权分置改革，这与股权激励用于解决委托代理问题的初衷相差较大。自 2006 年《上市公司股权激励管理办法（试行）》颁布以来，上市公司实施的股权激励机制逐步完善，因此本书选择 2006 年 1 月 1 日至 2022 年 12 月 31 日我国 A 股上市公司公告的股权激励计划作为研究样本，据国泰安数据库统计，公布实施股权激励方案共 6019 份，其中，将同一家公司在不同的时间发布股权激励实施计划作为多份激励方案。根据研究所需，对研究样本进行如下处理和筛选：（1）由于在同一时间采用两种股权激励模式会导致无法识别股权激励模式的选择倾向问题，因此本书将删除同时采用两种激励模式的方案，如有些公司同时实施股票期权和限制性股票，则将其删除；（2）由于我国 A 股上市公司主要采用限制性股票和股票期权两种模式，因此本书选择这两种模式进行实证研究，删除采用管理层持股、股票增值权等其他股权激励模式的方案；（3）删除金融类、ST、*ST 等公司样本；（4）删除数据资料严重缺失的股权激励方案；（5）由于研究对象为高管，因此删除被激励对象为中层技术骨干的样本公司以及被激励高管名单及相关特征变量缺失的方案。经过以上多种处理方式后，最终得到研究样本共 4508 份。

二、变量定义

（一）被解释变量

本章的被解释变量为股权激励模式（IM）。当公司实施股权激励时，选择股票期权模式，则 IM 取值为 1；反之，当公司选择限制性股票激励模式时，则 IM 取值为 0。

（二）解释变量

本章的解释变量为高管特征。从对文献的梳理中可知，高管特征包括人口学特征和心理特征，高管的人口学特征与心理特征存在紧密联系，因此可以用外在的人口学特征去衡量高管的内在心理特征，基于数据的可获得性和客观性，本书从高管内在特征和高管外在特征两方面进行衡量，其中，高管内在特征包括高管年龄（Age）、性别（$Gender$）、任期（$Tenure$）、学历（Edu），高管外在特征包括社会资本（SC）、两职合一（$Dual$）、高管持股（MS）。

具体而言，高管年龄（Age）取前三位被激励高管年龄的平均值；高管性别（$Gender$）取前三位高管的男性占比；高管任期（$Tenure$）取前三位被激励高管在企业任职年数的平均值；高管学历（Edu）取前三位被激励高管学历的平均值，其中博士取 5，硕士取 4，本科取 3，专科取 2，其他取 1；社会资本（SC）包括高管的政府背景、海外背景，在其他公司、教育部门、科研机构、非营利性组织等兼职以及其他背景，每项赋值 1 分，存在多项则进行分值加总，最后取前三位被激励高管总分的平均值；前三位被激励高管存在两职合一（$Dual$）时，则取 1，反之取 0；高管持股（MS）为前三位被激励高管的持股比例均值。

此外，由于本书研究高管特征对股权激励模式选择的影响，因此变量中的前三位高管是指被激励高管中授予股份数量排前三位的高管。

（三）控制变量

本书选择了一系列控制变量，包括：公司规模（*Size*），采用公司总资产（元），并取自然对数；公司成长性（*Growth*），采用净资产收益率增长率表示；控股股东性质（*Own*），国有控股上市公司取值为1，反之取值为0；现金流状况（*Cash*），即公司营业收入现金净含量（亿元）；资产负债率（*Lev*），即公司资产负债率，即负债总额÷资产总额；独立董事占比（*ID*），即独立董事人数占董事会总人数的比例；股权集中度（H_1），即第一大股东的持股比例；同时对行业（*Ind*）和年份（*Year*）进行控制。具体变量名称、符号及说明如表4-1所示。

表4-1　　　　　　　　　　　变量定义

变量类型	变量名称		变量符号	变量说明
被解释变量	股权激励模式		*IM*	选择股票期权，*IM* 取值为1；选择限制性股票，*IM* 取值为0
解释变量	高管内在特征	高管年龄	*Age*	前三位被激励高管年龄的均值
		高管性别	*Gender*	前三位被激励高管的男性占比
		高管任期	*Tenure*	前三位被激励高管在该企业任职年数的平均值
		高管学历	*Edu*	前三位被激励高管的平均学历，博士为5，硕士为4，本科为3，专科为2，其他为1
	高管外在特征	高管社会资本	*SC*	表示高管有政府背景、海外背景，在其他公司、教育部门、科研机构、非营利性组织等兼职以及其他背景，每项赋值1分，有多项则加总，最终取前三位被激励高管总分的平均值
		两职合一	*Dual*	前三位被激励高管中存在两职合一时，则取1，反之取0
		高管持股	*MS*	前三位被激励高管的持股比例的平均值
控制变量	公司规模		*Size*	公司总资产（元），并取自然对数
	公司成长性		*Growth*	净资产收益率的增长率
	控股股东性质		*Own*	属于国有控股上市公司，则取值为1；属于非国有控股上市公司，则取值为0
	现金流状况		*Cash*	公司营业收入现金净含量（亿元）
	负债水平		*Lev*	公司资产负债率，即负债总额÷资产总额

变量类型	变量名称	变量符号	变量说明
控制变量	独立董事占比	ID	独立董事人数占董事会总人数的比例
	股权集中度	H_1	第一大股东持股比例
	行业	Ind	按证监会的行业分类标准分类设置虚拟变量
	年度	$Year$	以 2006 年为基准，设立了 15 个年度虚拟变量

三、模型设计

本书运用 Probit 模型对上述假设进行验证，建立二值选择回归模型如下。

$$IM = \beta_0 + \beta_1 Age + \beta_2 Gender + \beta_3 Tenure + \beta_4 Edu + \beta_5 SC$$
$$+ \beta_6 Dual + \beta_7 MS + \beta_8 Size + \beta_9 Growth + \beta_{10} Own$$
$$+ \beta_{11} Cash + \beta_{12} Lev + \beta_{13} ID + \beta_{14} H_1 + Ind + Year + \varepsilon$$

第二节　实证结果及分析

一、描述性统计分析

对样本中所有变量进行统计分析，结果如表 4－2 所示。从中可以看出，被解释变量 IM 的均值为 0.306，表明 30.6% 的企业选择了股票期权模式，这显著少于限制性股票实施数量，说明限制性股票模式应用广泛，并处于主导地位。在核心变量即高管特征方面，变量 Age 的均值为 44.217，说明实施股权激励的上市公司中，被激励高管年龄平均在 44 岁，然而标准差为 3.951，值较大，说明上市公司高管的年龄存在较大的差异；25 分位数为 40.153、最小值为 27.333、最大值为 65，可以看出被激励的高管年龄跨度较大。从变量 $Gender$ 均值为 0.848 和 25 分位数、中位数、75 分位数、最大值均为 1 可以发现实施股权激励的上市公司中高管为男性约占到85%，说明男性高管占比大。从变量 *Tenure* 可以看出被激励前三位高管的任期均值为 4 年多，最小值为 1.333，最大值为 9.667，表明前三位高管任期最小值为 1 年多，任期最久为 9 年多。变量 *Edu* 均值为 3.547，说明实施股权激励的上市公司前三位高管的平均学历在本科及以上。从变量 *SC* 可以看出前三位高管的社会资本均值为 3.667，体现了中国社会注重网络关系的培养，高管拥有一定的社会关系资本。变量两职合一 (*Dual*) 的均值为 0.298，标准差为 0.463，最小值、25 分位数、中位数都为 0，说明在样本公司中，总经理和董事长两职合一的情况并不多见，仅有少数公司存在总经理和董事长两职合一。高管持股比例的均值为 7.2%，最大值为 71.2%，最小值为 0，说明样本公司中有部分高管没有持股，而有些上市公司高管持股比例太高。

表 4 - 2　　　　　　　　　　核心描述性统计结果

变量	均值	标准差	最小值	25 分位数	中位数	75 分位数	最大值
IM	0.306	0.427	0.000	0.000	0.000	0.000	1.000
Age	44.217	3.951	27.333	40.153	44.833	48.333	65.000
Gender	0.848	0.162	0.000	1.000	1.000	1.000	1.000
Tenure	4.059	1.512	1.333	3.333	4.333	5.000	9.667
Edu	3.547	1.142	2.000	3.000	3.333	3.667	4.667
SC	3.667	0.845	1.333	2.667	3.333	3.667	4.000
Dual	0.298	0.463	0.000	0.000	0.000	1.000	1.000
MS	0.072	0.087	0.000	0.000	0.037	0.162	0.712
Size	21.232	1.962	18.219	20.398	21.254	21.967	27.516
Growth	21.228	56.302	-34.448	-0.257	0.089	1.001	162.222
Own	0.135	0.330	0.000	0.000	0.000	0.000	1.000
Cash	0.048	0.725	-9.741	-0.322	0.121	0.159	5.936
Lev	0.388	0.212	0.012	0.210	0.341	0.528	0.968
ID	0.351	10.123	0.062	0.292	0.336	0.412	0.752
H_1	0.349	4.314	0.043	0.240	0.339	0.451	0.899

资料来源：国泰安数据库（CSMAR），网址：https://data.csmar.com。

二、高管特征对股权激励模式选择影响的回归分析

利用 Probit 回归方法，控制可能影响股权激励模式选择的因素，分析高管特征对股权激励模式选择的影响，回归结果如表 4 - 3 所示。

表 4 - 3　　　　　　　　高管特征对股权激励模式选择影响的回归结果

变量	股权激励模式 *IM*		股权激励模式 *IM*	
	回归（1）	t 值	回归（2）	t 值
Age	− 0. 215 *	（− 1. 88）	− 0. 198 ***	（− 3. 25）
Gender	0. 274	（0. 95）	0. 398	（1. 41）
Tenure	− 0. 287 **	（− 2. 50）	− 0. 350 ***	（− 3. 07）
Edu	− 0. 395 ***	（− 9. 18）	− 0. 310 ***	（− 9. 21）
SC	− 0. 414 ***	（− 8. 07）	− 0. 502 ***	（− 9. 32）
Dual	− 0. 256 **	（− 2. 40）	− 0. 267 **	（− 2. 47）
MS	0. 321 ***	（3. 68）	0. 348 ***	（3. 21）
Size	—	—	− 0. 110 **	（− 2. 23）
Growth	—	—	0. 018 ***	（3. 71）
Own	—	—	0. 143	（1. 23）
Cash	—	—	− 0. 155 *	（− 1. 79）
Lev	—	—	0. 992 ***	（5. 81）
ID	—	—	− 0. 201 ***	（− 6. 69）
H_1	—	—	0. 122 **	（2. 53）
Constant	5. 623 ***	（11. 56）	9. 223 ***	（9. 56）
Ind	控制		控制	
Year	控制		控制	
N	4508		4508	
Pseudo R^2	0. 421		0. 476	

注：表中 * 、** 、*** 分别表示10%、5%、1%显著性水平，括号内为相应系数的 t 值（后面表格均为相同处理和表述）。

资料来源：国泰安数据库（CSMAR），网址：https：//data. csmar. com。通过 Stata 软件分析得出。

在表 4 - 3 中，回归（1）是仅包含了核心解释变量与行业、年度控制变量的回归结果，而回归（2）是包括了控制变量在内的所有变量的回归结果。可以看出，回归（1）和回归（2）中系数方向和显著性水平基本一致。具体而言，高管年龄（*Age*）在回归（1）和回归（2）的系数分别为 - 0.215、- 0.198，显著性水平分别为 10%、1%，说明被激励高管平均年龄显著影响股权激励模式的选择，与相关文献的预测结果保持一致，表明对于年长的高管，上市公司倾向授予限制性股票，研究假设 H3 - 1 通过验证；高管性别（*Gender*）在回归（1）和回归（2）的系数均为正，表明被激励高管男性占比越多，则公司实施股权激励时更倾向于授予股票期权，系数方向与预期一致，然而回归中影响均不显著，这可能是因为被激励高管中男性占到 85% 的样本限制，假设 H3 - 2 未得到验证；高管任期（*Tenure*）系数在回归（1）和回归（2）分别为 - 0.287、- 0.350，分别在 5%、1% 显著性水平下为负，这表明高管任期越久，公司越倾向授予其限制性股票，假设 H3 - 3 验证通过；变量高管学历（*Edu*）的系数为负，并且回归（1）和回归（2）中分别为 - 0.395、- 0.310，均在 1% 水平上显著，这表明高管学历越高，公司越倾向于授予限制性股票，假设 H3 - 4 验证通过；高管社会资本（*SC*）的系数在回归（1）和回归（2）中分别为 - 0.414、- 0.502，且均在 1% 显著性水平下为负，这表明高管社会资本越丰富，公司越倾向于授予其限制性股票，假设 H3 - 5 验证通过；高管两职合一（*Dual*）的系数在回归（1）和回归（2）中分别为 - 0.256、0.267，且均在 5% 显著性水平下为负，这表明高管是董事长与总经理两职合一时，公司倾向于授予限制性股票，假设 H3 - 6 验证通过；高管持股（*MS*）的系数在回归（1）和回归（2）中分别为 0.321、0.348，且均在 1% 水平下显著为正，这表明高管持股比例较低时，公司倾向于授予其限制性股票；反之，高管持股比例较高，则公司更倾向于授予股票期权，假设 H3 - 7 验证通过。

在控制变量方面，公司规模（*Size*）的回归系数在 5% 的显著水平下显著为负，表明公司的规模越大，越倾向于选择限制性股票模式；公司成长性（*Growth*）的回归系数在 1% 显著水平下显著为正，说明成长性越好的公司，越倾向于选择股票期权模式；而公司所属控股股东性质（*Own*）不具有统计上的显著性,可能是研究样本的限制,即实施股权激励的国有控股公司样本较少造成的;公司现金流($Cash$)的回归系数在 10% 的显著性水平下显著为负,表明公司现金流越不充足,则越倾向于选择股票期权模式;资产负债率(Lev)的回归系数在 1% 的显著水平下显著为正,表明公司的资产负债率越高,越倾向于选择股票期权模式进行激励。独立董事占比(ID)能够在一定程度上体现公司的内部监督机制,独立董事占比较高的公司更倾向于选取限制性股票模式。股权集中度(H_1)的回归系数在 5% 显著性水平下显著为正,说明股权集中度越高的公司,越倾向于选择股票期权模式。

第三节 稳健性检验

为了验证上述实证结果的稳健性,本书主要利用对核心解释变量和控制变量进行替代的方法进行稳健性检验。具体地:(1)将授予数量占前三位高管的特征分别扩大至授予数量前五位高管的特征,将解释变量前三位被激励高管平均年龄(Age)、性别($Gender$)、任期($Tenure$)、学历(Edu)、社会资本(SC)、两职合一($Dual$)、高管持股(MS),分别用被激励前五位高管的平均年龄(Age_5)、性别($Gender_5$)、任期($Tenure_5$)、学历(Edu_5)、社会资本(SC_5)、两职合一($Dual_5$)、高管持股(MS_5)来代替;(2)将公司规模($Size$)替换为营业收入($Gross$,单位:元),并取自然对数,将公司成长性($Growth$)替换为净利润增长率($Growth_1$),将股权集中度(H_1)替换为前五大股东持股比例的平方和(H_5),稳健性检验结果如表 4-4 所示。

表4-4　　　　　　　　　　稳健性检验结果

变量	股权激励模式（IM）				
	回归（1）	回归（2）	回归（3）	回归（4）	回归（5）
Age_5	-0.271*** (-5.22)	-0.278*** (-5.28)	-0.265*** (-5.54)	-0.267*** (-5.81)	-0.208*** (-5.69)

续表

变量	股权激励模式（*IM*）				
	回归（1）	回归（2）	回归（3）	回归（4）	回归（5）
$Gender_5$	0.377 (1.31)	0.398 (1.42)	0.383 (1.60)	0.374 (1.49)	0.377 (1.45)
$Tenure_5$	−0.253 ** (−2.51)	−0.260 ** (−2.52)	−0.258 ** (−2.56)	−0.251 ** (−2.57)	−0252 ** (−2.50)
Edu_5	−0.391 * (−1.91)	−0.384 ** (−2.15)	−0.416 ** (−2.29)	−0.457 *** (−3.71)	−0.459 ** (−2.33)
SC_5	−0.455 *** (−5.14)	−0.575 *** (−5.21)	−0.614 *** (−4.75)	−0.508 *** (−5.68)	−0.436 *** (−5.56)
$Dual_5$	−0.247 ** (−2.49)	−0.243 ** (−2.50)	−0.258 ** (−2.40)	−0.253 ** (−2.41)	−0.248 ** (−2.49)
MS_5	0.362 *** (5.36)	0.359 *** (5.39)	0.363 *** (5.13)	0.369 *** (5.37)	0.373 *** (5.48)
$Size$	—	0.108 *** (3.21)	—	0.096 ** (2.47)	—
$Gross$	—	—	0.115 (1.10)	—	0.120 (1.29)
$Growth$	—	0.007 *** (3.49)	0.009 *** (3.52)	—	—
$Growth_1$	—	—	—	−0.047 * (−1.69)	−0.039 * (−1.70)
Own	—	0.078 (0.35)	0.101 (1.05)	0.061 (0.74)	0.126 (0.76)
$Cash$	—	−0.112 (−1.58)	−0.114 (−1.55)	−0.099 (−1.48)	−0.093 (−1.51)
Lev	—	0.757 *** (3.68)	0.802 *** (4.07)	0.787 *** (3.86)	0.851 *** (4.26)
ID	—	−0.161 *** (−6.25)	−0.178 *** (−6.27)	−0.170 *** (−6.24)	−0.198 *** (−6.29)

续表

变量	股权激励模式（IM）				
	回归（1）	回归（2）	回归（3）	回归（4）	回归（5）
H_5	—	0.123 ** (2.52)	0.130 ** (2.57)	0.129 ** (2.48)	0.128 ** (2.51)
Constant	1.154 *** (3.69)	4.854 *** (3.58)	5.122 *** (3.52)	4.951 *** (2.98)	4.741 *** (3.45)
Ind	控制	控制	控制	控制	控制
Year	控制	控制	控制	控制	控制
N	4508	4508	4508	4508	4508
Pseudo R^2	0.425	0.433	0.422	0.437	0.447

资料来源：国泰安数据库（CSMAR），网址：https://data.csmar.com。通过 Stata 软件分析得出。

在表4-4中，回归（1）中是仅包含解释变量与行业、年度作为控制变量的回归结果，回归（2）是包括了控制变量在内的所有变量的回归结果。可以看出，回归（1）和回归（2）的系数方向和显著性水平基本一致。具体而言，变量高管年龄 Age_5 的回归系数在回归（1）和回归（2）中分别为 -0.271、-0.278，且均在1%水平下显著为负；变量高管性别 $Gender_5$ 的回归系数为正，但影响效果并不显著；变量高管任期 $Tenure_5$ 系数在回归（1）和回归（2）中分别为 -0.253、-0.260，且均在5%水平上显著为负；高管学历（Edu_5）的回归系数在回归（1）和回归（2）中分别为 -0.391、-0.384，分别在10%、5%的水平下显著为负；高管社会资本（SC_5）的回归系数在回归（1）和回归（2）中分别为 -0.455、-0.575，且均在1%水平上显著为负；两职合一（$Dual_5$）的回归系数分别为 -0.247、-0.243，均在5%显著性水平下为负；高管持股（MS_5）的回归系数在回归（1）和回归（2）中分别为 0.362、0.359，且均在1%水平上显著为正。

回归（3）、回归（4）是将公司规模 $Size$ 替换为 $Gross$、公司成长性 $Growth$ 替换为 $Growth_1$、股权集中度 H_1 替换为 H_5 后的回归结果，从回归（3）和回归（4）可以看出解释变量前五位被激励高管年龄、性别、任期、学历、社会资本、两职合一以及高管持股对股权激励模式选择的影响研究结论保持不变。

回归（5）是将上述所有替代变量加入后的回归结果，从中可以看出前五位被激励高管年龄、性别、任期、学历、社会资本、两职合一以及高管持股对股权激励模式选择的影响结论依旧不变。综上可以看出，通过稳健性检验后，研究结论与前部分保持一致，因此认为该模型的估计结果是稳健的。

第四节　内生性检验

研究高管任期对股权激励模式选择的影响时，可能受到内生性问题的干扰。内生性问题指的是模型中的解释变量受到模型误差项影响的情况，这种情况可能导致估计结果出现偏误，针对这一问题，本节将进一步探讨内生性问题，并应用相应的统计方法来纠正潜在的偏误。

股权激励方案通常包括等待期、行权期、解锁期和限售期等时间限制，不同的股权激励模式在这些时间限制上各有不同。前面的实证分析发现高管任期（*Tenure*）对股权激励模式选择产生显著影响，而反过来，股权激励的设置又可能影响高管在公司的任期长度，因此存在一个潜在的双向因果关系。为了解决这一内生性问题，本书采用工具变量方法进行检验。根据王营和曹廷求（2012）的研究，高管的继任来源（即高管是通过内部晋升还是外部招聘上任）与其薪酬结构和任期长度存在一定的关联，但继任来源对股权激励模式的选择影响不大。因此，本书选择高管的继任来源作为工具变量，以解决任期与股权激励模式之间的内生性问题，这一选择的合理性在于：一方面，继任来源与任期相关，满足工具变量的相关性要求；另一方面，继任来源不会直接影响股权激励模式的选择，满足工具变量的外生性要求。

接下来，本书使用 IV probit 两步法进行估计。第一步，使用高管继任来源作为工具变量进行第一阶段的回归，预测股权激励模式选择的内生变量，第一阶段回归的结果将用于预测股权激励模式的选择。第二步，使用第一阶段回归得到的预测值替代原模型中的内生解释变量，运用 IV probit 模型进行估计，以准确估计高管任期对股权激励模式选择的真实影响，结果如表4-5所示，其中继任来源用 *Internal* 表示，被激励高管如果存在继任来源为内部时，取值为1，反之则取值为0。

表4-5　　　　　　　　　　　　　内生性检验结果

变量	IV probit 两步法			
	第一步		第二步	
	Tenure	t 值	*IM*	t 值
Age	0.051 ***	(3.21)	−0.085 *	(−1.83)
Gender	0.121	(0.78)	0.266	(0.96)
Tenure	—	—	−0.363 **	(−2.53)
Edu	1.851 ***	(3.56)	−1.565 ***	(−7.10)
SC	0.155 ***	(6.98)	−0.441 ***	(−6.36)
Dual	1.766 ***	(8.62)	−0.356 **	(−2.46)
MS	2.124 ***	(10.22)	0.389 ***	(5.58)
Internal	1.655 **	(2.13)	—	—
Size	0.121 *	(1.86)	−0.059 *	(−1.77)
Growth	0.098 **	(2.51)	0.052 **	(2.30)
Own	0.112	(0.60)	0.355	(1.24)
Cash	0.095	(1.39)	−0.284 *	(−1.69)
Lev	−0.235 *	(−1.91)	0.556	(0.56)
ID	−0.656	(−0.61)	−0.554 ***	(−7.56)
H_1	0.124 *	(1.76)	0.189 **	(2.18)
Constant	1.756 ***	(5.62)	8.235 ***	(8.89)
Ind	控制		控制	
Year	控制		控制	
R^2	0.412		—	
LRchi^2	—		168.67	
N	4508		4508	
p	Prob > F = 0.0003		Prob > chi^2 = 0.038	

资料来源：国泰安数据库（CSMAR），网址：https://data.csmar.com。通过 Stata 软件分析得出。

表 4 – 5 第一阶段回归结果中，继任来源（*Internal*）作为工具变量的回归系数显著为正，与相关文献的预测一致，这验证了工具变量的有效性。具体来说，当高管是从内部提升而非外部招聘时，通常表现出更长的任期，这一发现符合预期，因为内部晋升的高管可能对公司文化和业务更熟悉，从而更有可能获得长期的职业发展机会。关于任期（*Tenure*）的外生性，*Wald* 检验结果（P 值为 0.038）显示在 5% 的显著性水平下，任期（*Tenure*）可以被认为是内生的。

在 IV probit 模型的第二阶段回归中，任期（*Tenure*）的估计系数为 – 0.363，在 5% 的显著性水平上统计显著，表明在控制了内生性之后，高管任期对股权激励模式选择的影响依然显著，这与之前未控制内生性问题的回归分析（见表 4 – 3 回归（2），任期系数为 – 0.350，显著性水平为 1%）相比，系数的绝对值有所下降，表明未控制内生性可能导致高估了高管任期对股权激励模式的影响。

第五节　本章小结

本章主要从高管特征的角度探讨其对股权激励模式的影响，通过系统地分析高管的内在与外在特征如何影响股权激励模式的选择，旨在为理解和设计更有效的激励机制提供理论依据和实证支持。研究选取 2006 年 1 月 1 日至 2022 年 12 月 31 日间中国 A 股市场上市公司公布的股权激励计划样本。通过详细的数据筛选和处理，样本最终包括 4508 份股权激励方案。

股权激励模式（*IM*）作为被解释变量，主要包括不同类型的股权激励，如限制性股票、股票期权，每种模式的选择都可能反映公司对高管激励目标的不同侧重。高管特征作为核心解释变量，分为内在特征和外在特征两大类。内在特征包括高管年龄（*Age*）、性别（*Gender*）、任期（*Tenure*）、学历（*Edu*），这些变量反映了高管的基本属性和职业背景，可能影响其风险偏好和决策行为，进而影响股权激励模式的选择。外在特征包括社会资本

（SC）、两职合一（Dual）、高管持股比例（MS），这些特征涉及高管的网络关系、公司内的权力结构和利益一致性等问题。此外，还引入了一系列控制变量，包括公司规模、公司成长性、控股股东性质、现金流状况、资产负债率、独立董事占比及股权集中度，为控制行业和时间的影响，研究还对行业和年份进行控制。

实证分析采用多元回归模型来评估高管特征对股权激励模式选择的影响，具体从以下几个方面进行。（1）描述性统计分析。从中可以看出，30.6%的公司选择了股票期权模式，显著少于选择限制性股票的公司，说明限制性股票模式处于主导地位；前三位被激励高管年龄平均在 44 岁，存在较大的差异；男性高管占绝对主导地位；前三位被激励高管的任期均值为 4 年多；前三位被激励高管的平均学历在本科及以上；高管拥有一定的社会关系资本；总经理和董事长两职合一的情况并不多见，仅有少数公司存在总经理和董事长两职合一；样本公司中有部分高管没有持股，而有些上市公司高管持股比例太高。（2）高管特征对股权激励模式选择影响的回归分析表明，对于年长的高管，上市公司倾向于授予限制性股票，研究假设 H3-1 通过验证；高管男性占比多，则公司更倾向于授予股票期权，然而回归中影响均不显著，这可能是因为被激励高管中男性占到 85% 的样本限制，假设 H3-2 未得到验证；高管任期越久，公司越倾向于授予限制性股票，假设 H3-3 验证通过；高管学历越高，公司越倾向于授予其限制性股票，假设 H3-4 验证通过；高管社会资本越丰富，公司越倾向于授予限制性股票，假设 H3-5 验证通过；高管是董事长与总经理两职合一的，则公司倾向于授予限制性股票，假设 H3-6 验证通过；高管持股比例低，公司倾向于授予其限制性股票；反之，高管持股比例较高，则公司更倾向授予其股票期权，假设 H3-7 验证通过。

为了验证上述实证结果的稳健性，本章通过对核心解释变量和控制变量的替代来进行稳健性检验。具体地，将前三位被激励高管的特征分别扩大至前五位被激励高管的特征，将公司规模用营业收入表示并取自然对数，将公司成长性用净利润增长率来表示，通过一系列的稳健性检验后，研究结论依然保持一致。此外，本书还考虑了研究中存在的内生性问题，并使用高管继任来源

（*Internal*）作为工具变量进行 IV probit 两步法估计，结果表明在控制了内生性问题后，研究结论与前部分回归结论保持一致。然而，使用一般的 Probit 估计时，会忽略高管任期（*Tenure*）的内生性问题，从而高估高管任期对股权激励模式选择的影响作用。

第五章 股权激励模式对盈余
管理影响的实证研究

第一节 研 究 设 计

一、样本选择与数据来源

本章沿用并扩展了第四章的数据处理方法，采取了一系列筛选和剔除措施，具体包括：剔除同时采用两种或多种股权激励模式的公司；剔除特殊行业，如金融类公司由于特殊的资本结构和监管环境，其股权激励的动机和效果可能与其他行业显著不同；剔除特征数据严重缺失的公司以及被激励对象为非高管的公司，以确保数据的完整性和分析的针对性；剔除新成立公司，因为新成立的公司往往缺乏稳定的财务和运营数据，可能影响研究准确性；剔除 ST、*ST 公司，因为 ST 公司（特别处理公司）在清除账面亏损方面的动机强于一般公司。对于缺失部分关键变量的数据，本书通过查阅上市公司的年报以及巨潮资讯网上发布的相关公司信息公告进行了确定，并通过手工搜集和整理的方式进行了补充，经过处理，最终获得了共计 3805 份符合研究需求的数据。研究数据主要来源于国泰安数据库。

二、变量定义

盈余管理变量的定义取决于采取哪种盈余管理方式。本章从应计盈余管理和真实盈余管理两个方面进行界定，并对此进行了实证检验与分析。

（一）应计盈余管理

应计盈余管理是公司通过合法的会计操作调整账面盈余的一种方式，目的是达到特定的财务报告目标，这种操作通常包括合理利用会计准则的灵活性，以通过正常的商业活动或会计估计和判断来调整报表，这种管理行为能够显著影响投资者及其他利益相关者对公司财务状况的认知和判断。

从操作机制上看，应计盈余管理涉及对收入确认、费用匹配以及资产和负债估值的调整。例如，管理层可能会选择加速或延迟收入的确认，或者改变折旧方法和估算坏账准备，使得报告的利润更好地符合内部或外部的期望。在实务中，应计盈余管理的合法性基于遵守现行的会计准则和法律，尽管这种管理在法律框架内被允许，但其动机和结果常常引发市场和监管机构的关注。过度的盈余管理可能会误导投资者，影响投资决策，从而对市场效率产生负面影响。

对于应计盈余管理，目前有多种计量方法。其中较为常用的有应计利润分离法、特定应计项目法和管理后盈余分布法三大类。

应计利润分离法的优点：灵活性高，适用于不同行业和经济环境；预测能力强，准确度量盈余管理的规模和程度；易于理解和应用，公式简单，容易被广泛应用。应计利润分离法的缺点：可能产生误差，在区分操控性和非操控性应计利润时可能存在主观判断；可能忽略某些非常规项目，不适用于所有类型的应计项目。

特定应计项目法的优点：针对性强，特别适用于分析特定应计项目；更准确，在处理特定项目时可能比应计利润分离法更精确。特定应计项目法的缺点：适用范围有限，只关注特定应计项目，可能忽略其他重要信息；实施难度大，需要更多的专业知识和判断。

管理后盈余分布法的优点：综合考虑多个因素，不仅考虑应计项目，还考虑其他管理活动对盈余的影响；视角更全面，提供了对公司整体盈余管理活动的洞察。管理后盈余分布法的缺点：复杂性高，实施和解释相对复杂；数据要求高，需要大量详细的数据。

　　总体而言，选择哪种方法取决于分析的目的和可用数据的性质。每种方法都有其独特的应用场景和限制，理解这些优缺点有助于更准确地分析和解释公司的应计盈余管理活动。综合以上特点，由于应计利润分离法由于其在不同行业的可操控性和应计利润衡量上具有良好的预测能力，成为当前应用最广泛的方法之一，这也是本书选择该方法作为衡量应计盈余管理程度的主要原因。简而言之，应计利润分离法主要是在设定回归模型的基础上，将应计利润分离为操控性应计利润和非操控性应计利润两部分，以"操控性应计利润＝应计利润－非操控性应计利润"的公式来准确度量盈余管理的规模和程度。应计利润通常指那些不直接形成现金流入或流出的收入或费用，根据权责发生制原则及配比原则计入当期损益。由于现金流量反映的是已实现的现金流入，具有较难操控的特性，因此盈余操控通常通过应计项目来实现。本章在实证分析中使用 Jones 模型的误差项来衡量盈余管理指标，这个指标不仅能清晰反映总应计利润偏离经济交易的非预期部分，而且其绝对值还可以作为盈余管理的代理变量，绝对值越大表示盈余管理的程度越高或盈余质量越低。总应计利润的计算方式见式（5-1）。

$$TA_{i,t} = EBIT_{i,t} - CFO_{i,t} \tag{5-1}$$

其中，$TA_{i,t}$ 表示 i 公司在 t 期的总体应计利润；$EBIT_{i,t}$ 是 i 公司在 t 期的息税前净利润；$CFO_{i,t}$ 为 i 公司在 t 期产生的经营活动现金流量净额。

　　实践中，并非所有应计项目都可以被操控。根据应计利润分离法，应计利润分为可操控的应计利润（Discretionary Accruals，DA）和不可操控的应计利润（Nondiscretionary Accruals，NDA）两类。盈余管理行为的程度主要取决于可操控性应计利润的比例。

　　操控性应计利润通常是在确保经营业绩的前提下，通过合法手段控制的那部分应计利润，主要包括如应收账款、存货等营运资金项目的增减变动，因为这些项目能够直接影响公司的会计盈余。而非操控性应计利润则指那些在会计政策和相关法规约束下，公司不能随意操控的应计利润部分。非操控性应计利润的计算公式见式（5-2）。

$$NDA_{i,t} \div A_{i,t-1} = \alpha_1(1 \div A_{i,t-1}) + \alpha_2(\Delta REV_{i,t} \div A_{i,t-1}$$
$$- \Delta REC_{i,t} \div A_{i,t-1}) + \alpha_3(PPE_{i,t} \div A_{i,t-1}) \quad (5-2)$$

其中，$NDA_{i,t} \div A_{i,t-1}$ 表示为 i 公司在第 t 年经过上一期（第 $t-1$ 年）末总资产的标准化处理基础上得到的非可操控性应计利润；$A_{i,t-1}$ 表示为 i 公司第 $t-1$ 年的总资产；$\Delta REV_{i,t}$ 表示 i 公司在第 t 年末的主营业务收入与上一年度（第 $t-1$ 年）的主营业务收入之间的差额，以此来衡量公司的经营绩效与外部的经济环境的变化对公司总应计利润产生的影响；$\Delta REC_{i,t}$ 表示 i 公司在第 t 年末的应收账款余额和上一年度（第 $t-1$ 年）的应收账款余额之间的差值；$PPE_{i,t}$ 表示 i 公司在第 t 年末的固定资产价值；将这些各个变量均除以 $A_{i,t-1}$ 的目的是减除公司规模的影响。在公式中，其中 α_1、α_2、α_3 表示总体的特征参数，这些参数的估计值是使用行业截面数据，通过式（5-3）计算而得，$\varepsilon_{i,t}$ 表示随机误差项。

$$TA_{i,t} \div A_{i,t-1} = \alpha_1(1 \div A_{i,t-1}) + \alpha_2(\Delta REV_{i,t} \div A_{i,t-1})$$
$$+ \alpha_3(PPE_{i,t} \div A_{i,t-1}) + \varepsilon_{i,t} \quad (5-3)$$

进一步，使用总应计利润减去非可操控性应计利润，从而得到能够代表盈余管理程度的可操控性应计利润（DA），因此，i 公司的可操控性应计利润的度量公式为式（5-4）。

$$DA = DA_{i,t} \div A_{i,t-1} = TA_{i,t} \div A_{i,t-1} - NDA_{i,t} \div A_{i,t-1} \quad (5-4)$$

其中，在衡量 $t=2007$ 年的 $A_{i,t-1}$、$\Delta REV_{i,t}$、$\Delta REC_{i,t}$ 等指标时，使用了这些公司按照新会计准则重述后的与 2006 年相对应的数据。这是由于自 2007 年 1 月 1 日起实施的新会计准则引起了会计政策的变更和调整，使得全部上市公司在 2006 年的收入计量和新准则进行实施后的收入计量采取了不同的方法，因此大多数公司在 2007 年 1 月 1 日的多数账户的期初余额与 2006 年 12 月 31 日的期末余额之间存在明显的差异。此外，本书主要采用操控性应计利润的绝对值来衡量上市公司的应计项目盈余管理程度。

（二）真实盈余管理

真实盈余管理是指公司通过实际的业务操作来调整其财务报表上的盈余，以达到特定的财务报告目标。与应计盈余管理不同，真实盈余管理涉及公司的实际业务活动，比如改变销售政策、生产成本或投资决策，而不仅仅是会计数字上的调整。在经济学和金融学的研究中，真实盈余管理是一个重要话题，因为它影响公司的价值评估、投资者的决策以及市场的效率。如果一个公司通过过度生产或提前销售来增加其短期收入，可能会误导投资者并影响股价，长期来看可能对公司的健康和持续增长不利。对于财务分析和投资决策而言，识别真实盈余管理的迹象是非常重要的。

国外学者对真实活动的盈余管理进行了估算（Roychowdhury，2006），结合相关文献，发现公司在进行真实盈余管理行为时通常是在销售、成本和费用等方面进行操控。在度量一个公司的真实盈余管理程度时，使用公司的异常经营现金净流量（abnormal operating cash flows）、异常生产成本（abnormal production costs）、异常酌量性费用（abnormal discretionary expenses）这三方面的综合绝对值来测度，主要是考虑了高管在考核期内采取的盈余管理行为，既有可能是向上的方向，也有可能是向下的方向。虽然这些指标都用于识别真实盈余管理，但它们关注的业务领域不同。异常经营现金净流量、异常生产成本和异常酌量性费用的含义及区别如表 5 – 1 所示。

表 5 – 1　　　　异常经营现金净流量、异常生产成本和异常酌量性费用

	异常经营现金净流量	异常生产成本	异常酌量性费用
定义	• 衡量公司经营活动所产生的现金流量是否异常的指标。 • 公司的经营现金流量与预期或正常水平相比的偏差。 • 经营现金流量是公司日常业务活动产生的现金流量	• 衡量公司生产过程中成本是否异常的指标。 • 涉及生产成本与预期或正常水平相比的偏差。 • 生产成本包括原材料、劳动力和制造费用	• 是指公司在广告、研发和其他非固定成本上的支出是否异常的指标。 • 指那些管理层有较大自主决策权的费用，如研发费用、广告费用和其他销售与管理费用
分析重点	• 真实盈余管理可能会导致当年异常低的经营现金流量。 • 如果公司的经营现金净额与经营利润不符，可能是盈余管理的迹象。 • 异常高或异常低的经营现金流量可能预示公司通过实际业务活动（如加速收款或延迟付款）来操纵收益	• 当公司需要提高其会计利润时，管理层可能会倾向于增加生产成本。 • 真实的盈余管理可能会导致异常高的生产成本。 • 公司可能通过增加生产来降低单位成本，从而临时提高利润。 • 可能导致库存积压和未来期间成本的增加	• 管理层可能在短期内减少这些费用来提升利润，但这可能对公司的长期发展产生不利影响。 • 管理层可能会通过减少酌量性费用来达到提高利润的目的。 • 真实的盈余管理可能会导致异常低的酌量性费用

续表

	异常经营现金净流量	异常生产成本	异常酌量性费用
应用场景	经常用于评估公司的现金流质量，以及管理层是否通过现金流操纵财务报表	用于识别公司是否通过改变其生产策略来操纵收益，如过度生产以降低单位成本	主要用于检测管理层是否通过减少投资或支出来临时提升盈余
影响范围	关注现金的实际流入和流出	关注生产过程和成本结构	关注管理决策对费用的影响
长短期影响	可能影响短期的流动性和财务稳定性	可能对库存水平和长期成本结构产生影响	通常反映出对长期投资和成长策略的短期调整

在管理层预测公司当前业绩较好的情况下，他们可能为了确保未来业绩的优化而采取向下的真实盈余管理措施，这可能包括提高研究与开发支出、增加广告宣传费用，或实施较为严格的赊销信用政策等。相反，当管理层预期当前的公司业绩不佳时，他们可能会采取向上的真实盈余管理行为以改善财务报表。具体的计算方法如下。

1. 异常经营现金净流量的估算

公司的经营现金净流量（CFO）与其当期销售额以及销售额变动之间存在线性关系。因此，可以通过式（5-5）来估算公司的异常经营现金净流量。

$$CFO_{i,t}/A_{i,t-1} = a_0 + a_1(1/A_{i,t-1}) + a_2(S_{i,t}/A_{i,t-1})$$
$$+ a_3(\Delta S_{i,t}/A_{i,t-1}) + \varepsilon_{i,t}^{cfo} \qquad (5-5)$$

其中，$CFO_{i,t}$ 表示 i 公司在第 t 年度的经营活动现金流量净额，$A_{i,t-1}$ 表示基准年的上一年度的公司总资产，$S_{i,t}$ 表示 i 公司在第 t 年度产生的主营业务收入，$\Delta S_{i,t}$ 表示 i 公司在第 t 年和上一年度（第 $t-1$ 年）产生的主营业务收入之间的差值，$\varepsilon_{i,t}^{cfo}$ 表示为残差，它代表 i 公司在第 t 年度发生的异常经营活动现金流量（AB_CFO）。

2. 异常生产成本的估算

产品生产成本等于公司的产品销售成本与本期库存产品变动之和。其中，公司产品的销售成本是本期销售额的函数，而库存产品变动则是本期销售额变动和上期销售额变动的函数。因此，可通过式（5-6）来估算异常生产成本。

$$PROD_{i,t}/A_{i,t-1} = a_0 + a_1(1/A_{i,t-1}) + a_2(S_{i,t}/A_{i,t-1}) + a_3(\Delta S_{i,t}/A_{i,t-1})$$
$$+ a_4(\Delta S_{i,t-1}/A_{i,t-1}) + \varepsilon_{i,t}^{prod} \tag{5-6}$$

其中，$PROD_{i,t}$ 表示 i 公司在 t 年度的主营业务成本与本期库存产品变动之和。$A_{i,t-1}$ 是 i 公司在基准年上一年度的总资产，$S_{i,t}$ 是 i 公司在 t 年度的主营业务收入，$\Delta S_{i,t}$ 是 i 公司在 t 年度和上一年度公司主营业务收入之间的差值，$\Delta S_{i,t-1}$ 是 i 公司在 $t-1$ 年度和上一年度公司主营业务收入之间的差值，$\varepsilon_{i,t}^{prod}$ 是残差，表示 i 公司在 t 年度的异常生产成本（AB_PROD）。

3. 异常酌量性费用的估算

酌量性费用支出 DISEXP 与本期销售额之间是线性关系，主要有销售费用和管理费用，估计异常酌量性费用可以用式（5-7）计算。

$$DISEXP_{i,t}/A_{i,t-1} = a_0 + a_1(1/A_{i,t-1}) + a_2(S_{i,t}/A_{i,t-1}) + \varepsilon_{i,t}^{dis\,exp} \tag{5-7}$$

其中，$DISEXP_{i,t}$ 表示 i 公司在 t 年度的营业费用与管理费用两者之和，$\varepsilon_{i,t}^{dis\,exp}$ 表示残差，是 i 公司在 t 年度的异常酌量性费用水平（AB_DISEXP）。

以上三种盈余管理的详细计算过程如下：利用 2006～2022 年的样本数据，对以上三个公式进行 OLS 回归，从而获取到相应参数的估计值和拟合值，以此作为这三个盈余管理异常项目的正常估计值。然后，将实际值减去估计值，两者之差为上市公司的异常经营现金净流量（AB_CFO）、异常生产成本（AB_PROD）和异常酌量性费用（AB_DISEXP）。

本书度量上市公司真实活动盈余管理主要是采用异常经营现金净流量（AB_CFO）、异常生产成本（AB_PROD）和异常酌量性费用（AB_DISEXP）的综合值的绝对值来度量。同时，上市公司在向上提升利润时会造成异常经营现金净流量变低、异常生产成本变高以及异常酌量性费用变低。综上，本书采用式（5-8）定义真实盈余管理。

$$|RM| = |AB\_PRODE - AB\_CFO - AB\_DISEXP| \tag{5-8}$$

此外，根据以往研究（王化成和佟岩，2006），本书还进一步控制了公司成长性（Growth）、机构投资者持股（INS）、独立董事占比（ID）、监事会规模（Spv）、资产负债率（Lev）、公司规模（Size）、控股股东性质（Own）、股权集中度（H_1）、审计监督（Aud_4）、总资产周转率（Turn）、现金流状况（Cash）等变量。同时，还控制了年度（Year）和行业（Ind）的影响，详细的变量定义见表 5 – 2。

表 5 – 2   变量定义

	变量名称	变量符号	变量说明
被解释变量	应计盈余管理	$\lvert DA \rvert$	利用修正琼斯模型计量的可操控应计利润的绝对值
	真实盈余管理	$\lvert RM \rvert$	$\lvert RM \rvert = \lvert AB\_PRODE - AB\_CFO - AB\_DISEXP \rvert$
解释变量	股权激励模式	IM	当公司选择股票期权时，IM 取值为 1；选择限制性股票时，IM 取值为 0
控制变量	公司成长性	$Growth$	净资产收益率增长率
	机构投资者持股比例	INS	机构投资者持有公司股票的比例
	独立董事占比	ID	独立董事人数÷董事会总人数
	监事会规模	Spv	监事会人数
	负债水平	Lev	公司资产负债率，即负债总额÷资产总额
	公司规模	$Size$	公司总资产（元）的自然对数
	控股股东性质	Own	属于国有控股上市公司，则取值为 1；属于非国有控股上市公司，则取值为 0
	股权集中度	H_1	公司第一大股东持股比例
	审计监督	Aud_4	哑变量，出具审计报告的会计师事务所属于国际"四大"的，取值为 1，否则，取值为 0
	总资产周转率	$Turn$	营业收入÷总资产平均余额
	现金流状况	$Cash$	公司营业收入现金净含量（亿元）
	行业	Ind	按证监会的行业分类标准，设置虚拟变量
	年度	$Year$	以 2006 年为基准，设立了 15 个年度虚拟变量

三、模型设计

为了检验本章的研究假设，即不同股权激励模式是否会对盈余管理行为（包括应计盈余管理和真实盈余管理）产生影响，构建了如下回归模型，见式

（5－9）和式（5－10）。

$$|DA| = \beta_0 + \beta_1 IM + \beta_2 Growth + \beta_3 INS + \beta_4 ID + \beta_5 Spv + \beta_6 Lev$$
$$+ \beta_7 Size + \beta_8 Own + \beta_9 H_1 + \beta_{10} Aud_4 + \beta_{11} Turn$$
$$+ \beta_{12} Cash + Ind + Year + \varepsilon \qquad (5-9)$$

$$|RM| = \beta_0 + \beta_1 IM + \beta_2 Growth + \beta_3 INS + \beta_4 ID + \beta_5 Spv + \beta_6 Lev$$
$$+ \beta_7 Size + \beta_8 Own + \beta_9 H_1 + \beta_{10} Aud_4 + \beta_{11} Turn$$
$$+ \beta_{12} Cash + Ind + Year + \varepsilon \qquad (5-10)$$

第二节　实证结果及分析

一、描述性统计分析

对主要变量进行描述性统计与分析。虽然在第四章中对变量股权激励模式、公司规模、公司成长性、控股股东性质、现金流状况、资产负债率已做了描述性统计分析，但是由于本章的变量和样本数量有所变化，因此对新的变量应计盈余管理（$|DA|$）、真实盈余管理（$|RM|$）、机构投资者持股比例（INS）、独立董事比例（ID）等进行描述性统计分析，结果如表5－3所示。

表5－3　　　　　　　　　　描述性统计结果

变量	均值	标准差	最小值	25 分位数	中位数	75 分位数	最大值	偏度	峰度
$|DA|$	0.094	0.076	0.002	0.098	0.183	0.318	0.526	1.756	7.278
$|RM|$	0.204	0.264	0.002	0.082	0.152	0.324	1.256	1.496	9.436
IM	0.313	0.458	0.000	0.000	0.000	0.000	1.000	1.169	2.089
$Growth$	23.678	57.654	-34.448	-0.718	0.264	1.584	162.334	37.674	182.664
INS	0.405	1.823	0.000	0.082	0.302	0.523	0.964	19.394	261.394

续表

变量	均值	标准差	最小值	25 分位数	中位数	75 分位数	最大值	偏度	峰度
ID	0.337	9.495	0.056	0.264	0.324	0.397	0.768	0.257	3.897
Spv	5.067	2.495	1.000	3.000	4.000	6.000	25.000	1.796	8.816
Lev	0.378	0.217	0.012	0.188	0.393	0.523	0.913	0.398	2.592
$Size$	22.732	1.781	17.589	21.255	21.456	22.895	28.113	3.755	22.895
Own	0.118	0.389	0.000	0.000	0.000	0.000	1.000	2.452	6.896
H_1	0.367	4.759	0.041	0.245	0.363	0.457	0.899	0.385	2.354
Aud_4	0.120	0.258	0.000	0.000	0.000	0.000	1.000	3.466	11.056
$Turn$	0.757	1.845	0.001	0.452	0.632	0.862	7.566	4.952	32.101
$Cash$	0.074	1.021	-10.215	-0.245	0.074	0.165	5.951	-5.114	81.225

资料来源：国泰安数据库（CSMAR），网址：https://data.csmar.com。通过 Stata 软件分析得出。

从表 5 - 3 中可以看出，衡量应计盈余管理总量的变量｜DA｜，均值是 0.094，与 0 存在一定的差距，表明实施股权激励的上市公司存在一定的应计盈余管理行为。近年来，我国上市公司的盈余管理行为有所减少，但是仍然存在一些问题，我国的证券市场还有待完善，相关的法律法规和监管机制也需要进一步完善。标准差是 0.076，最大值为 0.526，最小值为 0.002，并且离散程度较大，说明样本公司的应计盈余管理程度存在明显的差异。此外，｜DA｜的偏度和峰度分别为 1.756 和 7.278，指示数据分布的尾部较重，表明有少数公司可能进行了较强烈的应计盈余管理操作。

真实盈余管理｜RM｜的均值为 0.204，标准差为 0.264，最大值为 1.256，显示出公司在进行真实盈余管理方面的行为更为显著和分散。与｜DA｜相比，｜RM｜的偏度和峰度分别为 1.496 和 9.436，这表明在真实盈余管理策略的使用上存在更大的极端行为，可能因为这种管理方式对现金流和业务操作的直接影响更大。

股权激励模式 IM 的均值为 0.313，表明约 31.3% 的公司选择了股票期权模式，相比之下，限制性股票的使用更为普遍，这种差异说明市场对不同股权激励模式选择的偏好和适用性存在明显区别。

通过对 $|DA|$ 与 $|RM|$ 的统计可以看出,我国的上市公司在进行盈余管理时,采用的手段多种多样,包括应计盈余管理和真实盈余管理,尽管中国证券市场正在逐步完善法规和监管机制,但上市公司的盈余管理行为依然复杂,涉及多种策略和方法,这些手段在一定程度上影响了上市公司财务报告的真实性和公正性。

样本公司的成长性（$Growth$）的均值为 23.678,表明实施股权激励的公司成长性较好,这一数据表明,实施股权激励的公司往往具有较高的成长性,这意味着这些公司在市场竞争中具有较强的发展潜力和盈利能力。

机构投资者持股（INS）均值是 0.405,标准差为 1.823,最大值为 0.964,最小值为 0。从这些数据看,在实施股权激励计划的样本公司中,机构投资者的持股比例存在显著差异。其中,有高达 96.4% 的样本公司的机构投资者持股比例达到了最高值,这一现象可能说明,机构投资者对于实施股权激励计划的公司具有较高的认可度和信心,他们可能认为这些公司具有较好的发展前景和投资价值,因此愿意在这些公司中持有较多的股份,同时,这也反映出机构投资者在公司治理和投资决策中发挥着越来越重要的作用,通过参与股权激励计划,机构投资者可以更好地监督和激励公司管理层,从而促进公司的长期稳定发展。

变量独立董事比例（ID）的均值为 0.337,表明样本公司独立董事人数占董事会人数规模的 33.7%,最大值为 0.768,最小值为 0.056,标准差为 9.495,可以看出独立董事在董事会中所占比例的差异较大,这可能与各公司的治理结构、公司规模、行业特点等多种因素有关,独立董事比例较高的公司往往具有更加完善的公司治理结构,有利于保护中小股东的利益,提高公司的决策效率和透明度。

监事会规模（Spv）的均值为 5.067,最大值为 25,最小值为 1,即样本公司的监事会人数最多为 25 人,过大的监事会规模可能导致管理成本增加,影响公司的盈利能力,最小有 1 人,而总体的监事会人数均值为 5 人左右。变量资产负债率（Lev）的均值为 0.378,这一数据表明我国上市公司的资产负债率整体较低,财务风险适中,这意味着上市公司在经营过程中,负债相对较少，资产主要由自有资金构成，这有利于公司的稳健发展。最大值为 0.913，说明某些上市公司的资产几乎全部由负债构成，这种情况说明公司面临较大的财务风险，甚至可能破产。

控股股东性质（Own）的均值为 0.118，这表明在实施股权激励的公司中，仅有 11.8% 为国有控股上市公司，这说明非国有控股公司在人才激励方面更加积极，愿意通过股权激励来留住和吸引人才，对于提高公司竞争力和促进经济发展具有积极意义。同时，这也反映出国有控股公司在人才激励方面的不足，需要进一步改进和完善。

股权集中度（H_1）的均值为 0.367，即样本公司的第一大股东持股占比均值为 36.7%，表明我国上市公司的股权结构相对分散，大股东对公司的控制力有限，最大值、最小值分别为 0.899、0.041，即第一大股东持股占比最大为 89.9%，最小为 4.1%，从标准差 4.759 可以看出股权集中度的差异比较大，表明我国上市公司的股权结构存在较大差异，部分公司的股权集中度较高，可能导致大股东对公司的操控和利益输送。

审计监督（Aud_4）的均值为 0.120，最小值、25 分位数、中位数、75 分位数取值均为 0，这表明样本公司的审计报告大多数没有由国际"四大"会计师事务所出具，这可能意味着审计监督的质量相对较弱，对盈余管理行为的抑制作用较小。

变量总资产周转率（$Turn$）的均值为 0.757，最大值 7.566 与最小值 0.001 之间的差异较大，这说明样本公司之间在资产运营效率方面存在较大差异。

从变量现金流状况（$Cash$）的统计结果可以看出，样本公司现金流平均状况表现较为充裕，充足的现金流对于公司的发展具有重要意义，可以为公司提供稳定的资金来源，降低财务风险。

二、相关性分析

对本章研究的主要变量进行相关性分析，结果如表 5 - 4 所示。

表 5 - 4

主要变量的相关性分析

变量	|DA|	|RM|	IM	Growth	INS	ID	Dual	Spv	Lev	Size	Own	H_1	Aud_4	Turn	Cash
|DA|	1	—	—	—	—	—	—	—	—	—	—	—	—	—	—
|RM|	0.148*	1	—	—	—	—	—	—	—	—	—	—	—	—	—
IM	0.155***	0.144***	1	—	—	—	—	—	—	—	—	—	—	—	—
Growth	0.018	0.011***	0.234***	1	—	—	—	—	—	—	—	—	—	—	—
INS	-0.077***	-0.115***	-0.035	0.055	1	—	—	—	—	—	—	—	—	—	—
ID	0.035	-0.135	0.347	0.209*	0.034	1	—	—	—	—	—	—	—	—	—
Dual	0.057***	0.062*	-0.138***	-0.158	0.125**	-0.237***	1	—	—	—	—	—	—	—	—
Spv	-0.048**	-0.258**	0.169	0.078***	0.038	0.158		1	—	—	—	—	—	—	—
Lev	0.075***	0.076***	-0.568***	0.278***	-0.389**	-0.178*		-0.119***	1	—	—	—	—	—	—
Size	0.003	0.003	-0.315	0.136***	0.255***	0.382***		0.055***	-0.088***	1	—	—	—	—	—
Own	-0.024	-0.015	0.358	0.340*	0.524***	-0.045		0.452***	0.226***	0.235***	1	—	—	—	—
H_1	-0.051***	-0.015	0.027	0.134*	-0.247***	0.303***		0.235***	0.094	0.281***	0.236***	1	—	—	—
Aud_4	-0.068***	-0.046***	0.033	0.040	0.038**	0.069**		0.017*	-0.556***	0.658***	0.069	0.147***	1	—	—
Turn	0.039***	0.031***	0.04	0.258***	0.039	0.085		0.037	0.257	0.131**	0.327***	0.087	0.247*	1	—
Cash	-0.004	-0.005	-0.424***	-0.013***	0.175**	0.196		0.134**	-0.519**	-0.035	-0.419**	0.327	0.237	0.279***	1

资料来源：国泰安数据库（CSMAR），网址：https：//data.csmar.com。通过 Stata 软件分析得出。

从表 5 - 4 中可以看出，股权激励模式（*IM*）与应计盈余管理 $|DA|$ 显著正相关，研究假设 H3 - 8 得到了初步的验证，这意味着实施股权激励的公司更可能进行应计盈余管理，以实现公司业绩目标或提高高管薪酬，这可能是因为股权激励使高管面临更大的业绩压力，从而采取盈余管理手段来达到预期的业绩目标。同样，股权激励模式（*IM*）与真实盈余管理 $|RM|$ 显著正相关，研究假设 H3 - 9 得到了初步的验证。在其他控制变量和被解释变量之间的相关关系方面，被解释变量应计盈余管理 $|DA|$、真实盈余管理 $|RM|$ 和大多数控制变量之间的相关性都较为显著，说明本书选择的控制变量具有一定的有效性。并且从表 5 - 4 中可以看出，主要研究变量之间的相关性的系数都小于 0.4，说明本书研究设定的主要变量之间并没有存在严重的多重共线性问题。

然而，上述的相关性分析只是针对单个变量与变量之间的相关性，并没有揭示出研究所需的变量之间的因果关系。为了更准确地评估股权激励模式与盈余管理之间的关系，需要对其进行回归分析，以揭示变量之间的真实准确的因果影响关系，因此，通过回归分析，进一步检验股权激励模式对盈余管理的直接影响，从而为政策制定和企业管理提供更为有效的建议。

三、不同股权激励模式对盈余管理影响的回归分析

为了检验本章提出的研究假设 H3 - 8 和 H3 - 9，采用多元回归方法，并对可能影响盈余管理的因素进行控制，在此基础上分析不同的股权激励模式对盈余管理产生的影响，具体的回归结果如表 5 - 5 所示。

表 5 - 5　　　　　　　　不同股权激励模式对盈余管理影响的回归结果

变量	$\|DA\|$		$\|DA\|$		$\|RM\|$		$\|RM\|$	
	（1）	t 值	（2）	t 值	（3）	t 值	（4）	t 值
IM	0.124 ***	（6.68）	0.048 ***	（6.89）	0.045 ***	（6.35）	0.158 ***	（6.96）
Growth	—	—	0.145	（1.02）	—	—	0.158 ***	（3.54）
INS	—	—	- 0.112 ***	（- 8.35）	—	—	- 0.120 ***	（- 7.69）

续表

变量	|DA|		|DA|		|RM|		|RM|	
	（1）	t 值	（2）	t 值	（3）	t 值	（4）	t 值
ID	—	—	0.585	（0.69）	—	—	-0.607	（-1.37）
Spv	—	—	-0.139 ***	（-5.69）	—	—	-0.145 ***	（-5.54）
Lev	—	—	0.174 ***	（10.23）	—	—	0.157 ***	（9.91）
Size	—	—	-0.275	（-1.49）	—	—	-0.249	（-1.34）
Own	—	—	-0.210	（-1.15）	—	—	-0.206	（-1.21）
H_1	—	—	-0.087 ***	（-6.12）	—	—	-0.185	（-1.33）
Aud_4	—	—	-0.123 ***	（-5.36）	—	—	-0.128 ***	（-5.39）
Turn	—	—	0.147	（0.37）	—	—	0.139	（0.98）
Cash	—	—	-0.144	（-0.95）	—	—	-0.164	（-1.16）
Constant	0.510 ***	（10.33）	0.452 ***	（9.53）	0.310 ***	（10.36）	0.411 ***	（8.31）
Ind	控制		控制		控制		控制	
Year	控制		控制		控制		控制	
N	3805		3805		3805		3805	
$Adj - R^2$	0.2565		0.3049		0.18133		0.3766	

资料来源：国泰安数据库（CSMAR），网址：https：//data.csmar.com。通过 Stata 软件分析得出。

在表 5 - 5 中，可以看到四种不同的回归分析结果。

首先，回归（1）和回归（3）是仅包含核心解释变量与行业、年度控制变量的回归结果，这意味着这两个回归模型没有考虑其他可能影响应计盈余管理行为的因素，如公司成长性、机构投资者持股比例和独立董事占比等，通过这种简化的模型理解核心解释变量对应计盈余管理行为和真实盈余管理行为的影响。

其次，回归（2）和回归（4）是包括了所有控制变量在内的完整回归结果，这些模型不仅考虑了核心解释变量与行业、年度控制变量之间的关系，还考虑了其他可能影响应计盈余管理行为和真实盈余管理行为的控制变量，通过比较这两个回归模型的结果，更全面地了解各种因素对应计盈余管理行为和真实盈余管理行为的综合影响。

从回归（1）和回归（2）中可以看出，股权激励模式 IM 的系数分别是 0.124、0.048，并且均在 1% 显著水平下为正，这表明在实施股权激励的上市公司中，选择股票期权激励模式的公司比选择限制性股票激励模式的公司更容易进行应计盈余管理行为，因此假设 H3 - 8 得到了验证。从回归（3）和回归（4）中可以看出，股权激励模式 IM 的系数分别是 0.045、0.158，且均在 1% 显著水平下为正，表明选择股票期权激励模式的公司比选择限制性股票激励模式的公司更容易进行真实盈余管理行为，因此假设 H3 - 9 得到验证。

在控制变量方面，公司成长性（$Growth$）在回归（2）和回归（4）中的系数均为正，表明随着公司成长性的提高，其进行应计盈余管理和真实盈余管理的可能性也随之增加，然而，对应计盈余管理的影响效果并不显著，对真实盈余管理的影响在 1% 水平下显著。机构投资者持股（INS）系数在回归（2）和回归（4）中均在 1% 水平下显著为负，这意味着，机构投资者持股比例较低的公司更有可能进行应计盈余管理和真实盈余管理，表明机构投资者的持股行为在一定程度上可以抑制公司的盈余管理行为。独立董事占比（ID）的系数在回归（2）和回归（4）中呈现出不同的方向，并且影响不显著，表明样本公司独立董事占比对盈余管理行为没有显著的影响关系。监事会规模（Spv）的系数在回归（2）和回归（4）中显著为负向，并且在 1% 水平下显著，表明样本公司监事会人数对盈余管理程度的影响显著。通常而言，监事会规模越大，其对高管权力的监督和限制就会越大，这可能会影响高管的机会主义行为，从而对盈余管理行为产生一定的抑制作用。资产负债率（Lev）在回归（2）和回归（4）中呈显著正向影响关系，且系数在 1% 的水平下显著，这表明样本公司的负债水平越高，越容易采取盈余管理行为，这可能是因为高负债公司面临着更大的融资压力和偿债风险，因此更有动力通过盈余管理来改善财务状况和提高市场评价。从股权集中度（H_1）在回归（2）和回归（4）的系数可以看出，股权集中度（H_1）对应计盈余管理具有显著的负向影响关系，表明第一大股东持股比例越高，越不容易发生应计盈余管理行为，因为较高的股权集中度有助于加强公司治理，降低高管的机会主义行为，然而，股权集中度对真实盈余管理的影响却并不显著。审计监督（Aud_4）在回归（2）和回归（4）中呈显著负向影响关系，表明由国际"四大"会计师事务所出具的审计报告对公司的盈余管理行为具有一定的抑制作用，这可能是因为国际"四大"会计师事务所具有较高的审计质量和公信力，能够更有效地揭示公司的盈余管理行为，从而降低其发生的可能性。公司规模（*Size*）、控股股东性质（*Own*）、现金流状况（*Cash*）、总资产周转率（*Turn*）的系数在回归（2）和回归（4）中的影响均不显著，表明样本公司的盈余管理行为与这些因素无关。

第三节　稳健性检验

为了验证上述实证结果的稳健性，通过以下几种方式进行稳健性检验。

（1）对于应计盈余管理的度量。应计盈余管理是本章主要的被解释变量之一，其度量方式对研究结果的稳健性影响尤为重要，前部分对于应计盈余管理的衡量主要采用修正的 Jones 模型，并对操控性应计利润取绝对值 |*DA*|。本章利用原值来衡量应计盈余管理，进一步进行稳健性检验，根据前部分对应计盈余管理的变量定义中可知，可操控性应计利润（*DA*）的测算公式见式（5–4）。

（2）对于真实盈余管理的度量。由于真实盈余管理方式主要包括对企业的销售操控、生产操控和费用操控，因此借鉴宋岩等（2017）的真实盈余管理模型，计算真实盈余管理程度采用异常经营活动现金流、异常产品成本和异常酌量性费用 3 个指标，分别采用 *AB_CFO*、*AB_PRODE* 和 *AB_DISEXP* 来表示。指标的具体计算模型在本章变量定义中已详细说明，故不再赘述。

（3）此外，对于被解释变量盈余管理的衡量，本书利用盈余反应系数（*ERC*）来衡量上市公司的盈余管理行为。*ERC* 是一个广泛使用的指标，能够有效检验公司会计信息的价值相关性，并消除规模和异方差对模型的影响，这一系数通过测量投资者对企业盈余公告的反应强度，反映了企业的盈余管理行为是否得到了市场的认可和信任（Muslu et al., 2015；Choi and Kim, 2017）。具体而言，*ERC* 通过计算公司盈余公告后的实际股票收益率与预期股票收益率之间的差异来得出，若企业的盈余公告引起了市场的积极反应，则其股票收益率会高于预期收益率；反之，则会低于预期收益率。通过比较不同企业的盈余反应系数，可以识别那些高度盈余管理导致市场反应负面的企业，而那些盈余管理行为较低的企业则更容易获得市场的认可和支持。为此，本书将利用盈余反应系数 ERC 作为衡量上市公司盈余管理行为的关键指标，并通过对样本公司的盈余反应系数 ERC 进行回归分析，深入探讨影响公司盈余管理行为的因素，基本公式见式（5 – 11）。

$$R_{i,t} = \beta_0 + \beta_1 \times ESP_{i,t}/P_{i,t-1} + \sum Controlled + Ind + Year + \varepsilon$$

$$(5 - 11)$$

其中，$R_{i,t}$ 为 i 公司在 t 期间的市场回报率，是指公司在 t 年 5 月到 $t+1$ 年的股票收益率。这一时间窗口选取的原因是，公司的年度报告通常在第二年的第二季度初发布，使用这一时间范围可以确保公司的盈余信息被充分反映在股票价格中。股票收益率计算方法是将公司在 t 年 4 月末的调整后股价与 $t-1$ 年 4 月末的调整后股价进行相除。$ESP_{i,t}$ 表示 i 公司在 t 年期间公布的每股收益，是衡量公司盈利能力的重要指标之一，$P_{i,t-1}$ 表示 i 公司在 t 期间 4 月末调整后的收盘价。β_1 表示市场反应系数，若这个估计值越大，则表示公众对 i 公司盈余信息的反应度越大，表明市场越相信公司发布的盈余信息。具体来说，如果 β_1 大于 0，则说明市场对 i 公司的盈余公告有积极的反应；反之，如果 β_1 小于 0，则说明市场对 i 公司的盈余公告有消极的反应，通过分析 β_1 的大小和方向，可以了解不同公司之间的盈余管理行为是否存在差异，并为企业制订有效的盈余管理策略提供参考依据。

此外，在盈余反应系数模型中，还引入了多个控制变量，包括公司成长性（Growth）、机构投资者持股（INS）、独立董事占比（ID）、监事会规模（Spv）、资产负债率（Lev）、公司规模（Size）、控股股东性质（Own）、股权集中度（H_1）、审计监督（Aud_4）、总资产周转率（Turn）和现金流状况（Cash）等因素，这些控制变量可以反映公司的财务状况、治理结构、股权结构和经营绩效等方面的特点，同时，考虑外部因素的影响，对时间和行业加以控制，在此基础上建立模型，使用多元回归分析，引入股权激励模式变量 IM 与 ESP ÷ P 的交互项，交互项系数预期为负，得到回归方程式（5 – 12）。

$$R_{i,t} = \beta_0 + \beta_1 \times ESP_{i,t}/P_{i,t-1} + \beta_2 \times ESP_{i,t}/P_{i,t-1} \times IM$$
$$+ \sum Controlled + Ind + Year + \varepsilon \qquad (5 - 12)$$

按照上述三种稳健性检验方式进行回归分析，结果见表 5 - 6 所示。

表 5 - 6 稳健性检验结果

变量	DA	AB_CFO	AB_PRODE	AB_DISEXP	$R_{i,t}$
	回归（1）	回归（2）	回归（3）	回归（4）	回归（5）
IM	0. 041 *** (6. 91)	- 0. 021 *** (- 5. 55)	0. 058 *** (6. 35)	0. 112 ** (2. 10)	—
$ESP \div P$	—	—	—	—	8. 696 *** (7. 12)
$(ESP \div P) \cdot IM$	—	—	—	—	0. 521 ** (2. 39)
Growth	0. 143 ** (2. 23)	- 0. 044 *** (- 2. 78)	0. 032 (0. 75)	- 0. 045 (- 1. 32)	- 0. 547 *** (- 4. 58)
INS	- 0. 102 *** (- 7. 25)	0. 035 ** (2. 31)	- 0. 041 (0. 77)	- 0. 045 * (- 1. 69)	0. 678 ** (2. 21)
ID	0. 486 (1. 09)	0. 523 * (1. 92)	- 0. 122 (- 1. 09)	- 0. 563 (- 1. 23)	1. 233 (1. 45)
Spv	- 0. 127 *** (- 6. 68)	- 1. 311 *** (- 2. 69)	0. 247 (1. 33)	- 1. 385 * (- 1. 73)	0. 227 ** (2. 14)
Lev	0. 162 *** (8. 56)	- 0. 046 *** (- 4. 45)	0. 542 *** (9. 66)	- 0. 067 *** (- 5. 61)	- 0. 165 ** (- 2. 17)
Size	0. 252 (0. 98)	0. 245 ⁻ (0. 52)	- 0. 263 (- 1. 22)	0. 161 (1. 31)	0. 122 * (1. 79)
Own	0. 235 * (1. 79)	- 0. 223 (- 1. 47)	0. 231 * (1. 79)	0. 085 (1. 03)	- 0. 057 (- 0. 49)
H_1	- 0. 096 *** (- 3. 48)	0. 026 *** (8. 03)	- 0. 017 *** (10. 96)	0. 119 *** (7. 11)	- 0. 624 ** (- 2. 19)
Aud_4	- 0. 107 *** (- 4. 87)	0. 111 *** (3. 02)	0. 014 (0. 23)	- 0. 008 (- 0. 89)	0. 412 (1. 29)
Turn	- 0. 016 (- 0. 56)	- 0. 012 (1. 02)	- 0. 045 (- 1. 30)	- 0. 454 (- 0. 56)	0. 123 (1. 41)

变量	DA	AB_CFO	AB_PRODE	AB_DISEXP	$R_{i,t}$
	回归（1）	回归（2）	回归（3）	回归（4）	回归（5）
Cash	− 0.141 （− 0.19）	0.085 *** （3.99）	− 0.121 ** （− 2.11）	− 0.196 ** （− 2.22）	0.008 ** （2.07）
Constant	0.682 *** （10.32）	− 0.237 *** （− 8.21）	0.582 *** （7.01）	− 0.341 *** （− 8.94）	0.122 *** （4.52）
Ind	控制	控制	控制	控制	控制
Year	控制	控制	控制	控制	控制
N	3805	3805	3805	3805	3805
Adj − R²	0.2632	0.2489	0.2963	0.2014	0.2874

资料来源：国泰安数据库（CSMAR），网址：https：//data.csmar.com。通过 Stata 软件分析得出。

表 5 - 6 给出了股权激励模式对盈余管理影响的稳健性检验结果。在回归（1）中，以应计盈余管理水平的原值 DA 作为被解释变量进行分析。从回归结果可以看出，IM 的系数在 1% 水平下显著为正（$\beta = 0.041$，t = 6.91），这表明，在实施股权激励的上市公司中，选择股票期权激励模式的公司比选择限制性股票激励模式的公司更容易进行应计盈余管理，这一结果进一步验证了假设 H3 - 8。具体来说，股票期权激励模式可以有效地提高员工的工作积极性和创造力，从而促进公司的盈利能力和市场竞争力的提升，然而，这种激励方式也可能导致公司管理层为了达到预期的业绩目标而采取应计盈余管理行为。

回归（2）、回归（3）和回归（4）中被解释变量是真实盈余管理，从回归（2）中可以看出，股权激励模式 IM 的系数为 − 0.021，且在 1% 水平下显著为负。这表明，对于实施股票期权激励的公司相对于实施限制性股票激励的公司来说，其异常经营现金净流量更低，这是由于股票期权给企业带来的现金流压力相对较小，因此不容易产生异常的经营现金净流量（AB_CFO）。从回归（3）中可以看出，股权激励模式 IM 的系数为 0.058，且在 1% 水平下显著为正，这表明，对于实施股票期权激励的公司相对于实施限制性股票激励的公司来说，其异常生产成本更高，这可能是由于在股票期权激励模式下，公司管理层为了达到预期的业绩目标而采取了一些高风险的投资决策或过度扩张的战略，从而产生了异常的生产成本（AB_PRODE）。从回归（4）中可以看出，股权激励模式 IM 的系数为 0.112，且在 5% 水平下显著为正，这表明，实施股票期权激励的公司相对于实施限制性股票激励的公司来说，其异常酌量费用支出（AB_DISEXP）更高。综合回归（2）、回归（3）和回归（4）结果可以得出，在实施股权激励的上市公司中，选择股票期权激励模式的公司比选择限制性股票激励模式的公司更容易进行真实盈余管理，结果进一步验证了假设 H3 - 9。

在回归（5）中，以盈余反应系数（ERC）作为被解释变量来综合衡量上市公司的盈余管理行为，从回归结果可以看出，（ESP ÷ P）× IM 的系数为 0.521，且在 5% 水平下显著为正，这表明在实施股权激励的样本上市公司中，投资人对选择股票期权公司的盈余公告反应程度比选择限制性股票公司的盈余公告反应程度更高，这说明选择股票期权的公司更容易进行盈余管理，进一步验证了研究假设 H3 - 8 和 H3 - 9。

综上可以看出，稳健性检验结果与前部分回归结果保持一致，因此认为该回归模型的估计结果是较为稳健的，研究结论具有稳健性和可靠性。

第四节　本章小结

本章主要研究了不同股权激励模式对应计盈余管理和真实盈余管理的影响。

首先，进行变量的定义和模型的设计。在解释变量盈余管理方面，本章从应计盈余管理和真实盈余管理两个方面进行探讨。对于应计盈余管理，选择采用应计利润分离法来衡量其程度，这种方法在衡量不同行业的可操控性应计利润方面具有较好的预测能力，是目前应用最广泛的盈余管理计量方法之一。在真实盈余管理方面，采用了公司的异常经营现金净流量、异常生产成本和异常酌量性费用这三方面的综合绝对值来测度，这是因为高管在考核期内实施的盈余管理既有可能进行向上也有可能进行向下的盈余操作，为了更全面地反映真实盈余管理的情况，本书决定采用这三种方式的综合绝对值来度量真实盈余管理。

　　其次，对研究假设进行实证检验，得出核心结论。相比于限制性股票激励模式，被授予股票期权激励模式的高管更容易进行应计盈余管理和真实盈余管理。公司成长性的回归系数为正，表明公司成长性越高，越有可能进行应计盈余管理和真实盈余管理，然而对应计盈余管理的影响效果并不显著，对真实盈余管理影响显著。机构投资者持股回归系数显著为负，即机构投资者持股比例越小的公司，越有可能进行应计盈余管理和真实盈余管理行为，说明机构投资者持股会抑制公司的盈余管理行为。独立董事占比回归系数影响不显著，表明样本公司独立董事占比对盈余管理行为没有显著的影响关系。监事会规模回归系数显著为负，表明样本公司监事会人数对盈余管理程度的影响显著，通常而言，监事会规模越大，对高管权力的监督和限制就会越大，这会影响高管的机会主义行为，对盈余管理行为有一定的抑制作用。样本公司的负债水平越高，越容易采取盈余管理行为。股权集中度对应计盈余管理具有显著的负向影响关系，而对真实盈余管理的影响却并不显著。审计报告由国际"四大"会计师事务所出具的公司，相对不容易进行盈余管理行为。

　　最后，为了确保研究结果的稳健性，采用了以下三种方式对研究结果进行了检验：（1）对于应计盈余管理的度量，采用原值来衡量应计盈余管理；（2）对于真实盈余管理的度量，分别采用异常经营活动现金流、异常产品成本和异常酌量性费用三个指标来衡量；（3）对于被解释变量盈余管理，利用盈余反应系数（ERC）来衡量上市公司的盈余管理行为，这种方法可以有效地衡量公司在面临不同市场环境时，其盈余管理行为的变化情况。研究结果表明，在实施股权激励的上市公司中，选择股票期权激励模式的公司比选择限制性股票激励模式的公司更容易进行应计盈余管理和真实盈余管理。在通过一系列的稳健性检验后，研究结论依然保持稳健。

第六章　高管特征对盈余管理直接和间接影响的实证研究

第一节　研　究　设　计

一、样本选择与数据来源

基于第四章和第五章的样本公司及其数据，本章继续分析高管特征、股权激励模式与盈余管理之间的关系，本章在进行样本选择时特别注重这三个维度的数据完整性以确保分析的有效性，严格的数据要求导致部分公司因数据缺失而被排除，通常由公司披露信息的详尽程度及其时间序列的差异导致部分数据不完整。通过精细筛选，本章研究最终选取了 3506 条符合要求的数据进行进一步分析。

二、变量定义

具体的变量定义及详细说明如表 6 – 1 所示。

表 6 – 1　　　　　　　　　　　　　　　　变量定义

变量类型	变量名称	变量符号	变量说明
被解释变量	应计盈余管理	$\mid DA \mid$	利用修正琼斯模型计量的可操控应计利润的绝对值
	真实盈余管理	$\mid RM \mid$	$\mid RM \mid = \mid AB\_PRODE - AB\_CFO - AB\_DISEXP \mid$

变量类型			变量名称	变量符号	变量说明
解释变量	内部特征		高管年龄	Age	前三位被激励高管年龄的均值
			高管性别	$Gender$	前三位被激励高管的男性占比
			高管任期	$Tenure$	前三位被激励高管在该企业任职年数的平均值
			高管学历	Edu	前三位被激励高管的平均学历，博士为5，硕士为4，本科为3，专科为2，其他为1
	外部特征		高管的社会资本	SC	表示高管有政府背景、海外背景、在其他公司、教育部门、科研机构、非营利性组织等兼职以及其他背景，每项赋值1分，有多项则加总，最终取前三位被激励高管总分的平均值
			两职合一	$Dual$	前三位被激励高管中存在两职合一时，则取1，反之取0
			高管持股	MS	前三位被激励高管的持股比例的平均值
中介变量			股权激励模式	IM	当公司选择股票期权时，IM取值为1；选择限制性股票时，IM取值为0
控制变量			公司成长性	$Growth$	净资产收益率的增长率
			机构投资者持股比例	INS	机构投资者持有公司股票的比例
			独立董事占比	ID	独立董事人数÷董事会总人数
			监事会规模	Spv	监事会人数
			负债水平	Lev	公司资产负债率，即负债总额÷资产总额
			公司规模	$Size$	公司总资产（元）的自然对数
			控股股东性质	Own	属于国有控股上市公司，则取值为1；属于非国有控股上市公司，则取值为0
			股权集中度	H_1	公司第一大股东持股比例
			审计监督	Aud_4	哑变量，出具审计报告的会计师事务所属于国际"四大"的，取值为1；否则，取值为0
			总资产周转率	$Turn$	营业收入÷总资产平均余额
			现金流状况	$Cash$	公司营业收入现金净含量（亿元）
			行业	Ind	按证监会行业分类标准，设置虚拟变量
			年度	$Year$	以2006年为基准，共16年，设立了15个年度虚拟变量

三、模型设计

为了验证本章的研究假设，即高管特征是否会对盈余管理行为（包括应计盈余管理和真实盈余管理）产生影响，构建回归模型如式（6−1）、式（6−2）所示。

$$|DA| = \beta_0 + \beta_1 Age + \beta_2 Gender + \beta_3 Tenure + \beta_4 Edu + \beta_5 SC + \beta_6 Dual$$
$$+ \beta_7 MS + \beta_8 Growth + \beta_9 INS + \beta_{10} ID + \beta_{11} Spv$$
$$+ \beta_{12} Lev + \beta_{13} Size + \beta_{14} Own + \beta_{15} H_1$$
$$+ \beta_{16} Aud_4 + \beta_{17} Turn + \beta_{18} Cash + Ind + Year + \varepsilon \qquad (6-1)$$

$$|RM| = \beta_0 + \beta_1 Age + \beta_2 Gender + \beta_3 Tenure + \beta_4 Edu + \beta_5 SC$$
$$+ \beta_6 Dual + \beta_7 MS + \beta_8 Growth + \beta_9 INS + \beta_{10} ID + \beta_{11} Spv$$
$$+ \beta_{12} Lev + \beta_{13} Size + \beta_{14} Own + \beta_{15} H_1 + \beta_{16} Aud_4$$
$$+ \beta_{17} Turn + \beta_{18} Cash + Ind + Year + \varepsilon \qquad (6-2)$$

第二节　实证结果及分析

为了检验本章的研究假设，采用多元回归方法，并对可能影响盈余管理的因素进行控制，在此基础上分别分析高管特征对应计盈余管理、真实盈余管理的影响，以及股权激励模式在两者影响关系中的中介作用。此外，由于涉及的主要变量在前面章节已经做过描述性统计分析和相关性分析，虽然本章样本量有变化，但是变化量非常小，因此认为描述性统计分析和变量的相关性分析结果和前部分相差甚微，本章不再赘述。

一、高管特征对应计盈余管理的影响分析

对高管特征对应计盈余管理的模型进行回归分析，检验研究假设 H3−10、

H3 - 12、H3 - 14、H3 - 16、H3 - 18、H3 - 20、H3 - 22，即检验高管特征（高管年龄、性别、任期、学历、社会资本、两职合一、高管持股）对应计盈余管理的影响，回归结果如表 6 - 2 所示。

表 6 - 2　　　　　　　高管特征对应计盈余管理影响的回归结果

变量 $\mid DA \mid$	回归 (1)	回归 (2)	回归 (3)	回归 (4)	回归 (5)	回归 (6)	回归 (7)	回归 (8)
Age	-0.321 * (-1.90)	—	—	—	—	—	—	-0.423 ** (-2.15)
Gender	—	0.212 *** (9.27)	—	—	—	—	—	0.208 *** (9.39)
Tenure	—	—	-0.410 *** (-6.22)	—	—	—	—	-0.456 *** (-5.69)
Edu	—	—	—	-0.231 *** (-7.20)	—	—	—	-0.239 *** (-7.16)
SC	—	—	—	—	-0.129 ** (-2.40)	—	—	-0.132 ** (-2.20)
Dual	—	—	—	—	—	0.121 (1.24)	—	0.098 (1.26)
MS	—	—	—	—	—	—	-0.311 ** (-2.41)	-0.341 ** (-2.39)
Growth	0.132 (0.85)	0129 (0.82)	0.131 (0.80)	0.130 (0.87)	0.128 (0.85)	0.128 (0.82)	0.131 (0.81)	0.134 (0.83)
INS	-0.012 *** (-8.12)	-0.013 *** (-8.17)	-0.016 *** (-8.09)	-0.013 *** (-7.98)	-0.014 *** (-7.99)	-0.012 *** (-7.97)	-0.017 *** (-8.03)	-0.015 *** (-8.05)
ID	0.014 (0.55)	0.013 (0.65)	0.013 (0.54)	0.015 (0.59)	0.016 (0.61)	0.018 (0.63)	0.019 (0.58)	0.016 (0.60)
Spv	-0.014 *** (-8.63)	-0.017 *** (-8.60)	-0.013 *** (-8.52)	-0.012 *** (-8.56)	-0.016 *** (-8.62)	-0.015 *** (-8.41)	-0.013 *** (-8.37)	-0.016 *** (-8.42)
Lev	0.145 *** (9.64)	0.149 *** (9.58)	0.141 *** (9.44)	0.148 *** (9.59)	0.144 *** (9.60)	0.148 *** (9.63)	0.147 *** (9.55)	0.140 *** (9.59)

续表

变量 $|DA|$	回归 (1)	回归 (2)	回归 (3)	回归 (4)	回归 (5)	回归 (6)	回归 (7)	回归 (8)
Size	-0.018 (-0.24)	-0.017 (-0.29)	-0.018 (-0.27)	-0.016 (-0.21)	-0.016 (-0.22)	-0.015 (-0.23)	-0.014 (-0.24)	-0.015 (-0.28)
Own	-0.168 (-1.35)	-0.161 (-1.32)	-0.160 (-1.33)	-0.165 (-1.36)	-0.163 (-1.28)	-0.164 (-1.29)	-0.165 (-1.27)	-0.167 (-1.26)
H_1	-0.185 ** (-2.35)	-0.179 ** (-2.33)	-0.181 ** (-2.33)	-0.180 ** (-2.34)	-0.182 ** (-2.36)	-0.183 ** (-2.39)	-0.184 ** (-2.30)	-0.187 ** (-2.29)
Aud_4	-0.058 *** (-5.98)	-0.060 *** (-5.93)	-0.057 *** (-5.96)	-0.055 *** (-5.91)	-0.056 *** (-5.88)	-0.057 *** (-6.01)	-0.059 *** (-6.14)	-0.061 *** (-6.15)
Turn	0.147 *** (8.65)	0.141 *** (8.60)	0.145 *** (8.61)	0.146 *** (8.64)	0.143 *** (8.63)	0.144 *** (8.59)	0.140 *** (8.58)	0.139 *** (8.57)
Cash	-0.012 (-0.52)	-0.015 (-0.48)	-0.016 (-0.47)	-0.017 (-0.46)	-0.013 (-0.45)	-0.012 (-0.40)	-0.013 (-0.42)	-0.014 (-0.38)
Constant	0.278 *** (7.69)	0.271 *** (7.61)	0.277 *** (7.65)	0.276 *** (7.72)	0.275 *** (7.74)	0.274 *** (7.76)	0.271 *** (7.79)	0.269 *** (7.61)
Ind	控制	控制	控制	控制	控制	控制	控制	控制
Year	控制	控制	控制	控制	控制	控制	控制	控制
N	3506	3506	3506	3506	3506	3506	3506	3506
Adj – R²	0.2841	0.2813	0.2963	0.2811	0.2944	0.3021	0.2810	0.2745

资料来源：国泰安数据库（CSMAR），网址：https://data.csmar.com。通过 Stata 软件分析得出。

表 6 - 2 中回归（1）至回归（7）分别表示高管特征高管年龄、性别、任期、学历、社会资本、两职合一和高管持股加入一系列控制变量得到的回归结果，回归（8）是将高管特征和其他所有控制变量包括在内的回归结果。

回归（1）、回归（8）中的高管年龄的回归系数分别是 -0.321、-0.423，分别通过了 10%、5% 的显著性检验（$\beta = -0.321$，t $= -1.90$；$\beta = -0.423$，t $= -2.15$），这说明高管年龄对应计盈余管理行为有显著的负向影响，即高管年龄越大，进行应计盈余管理可能性越低，假设 H3 - 10 得到验证；

　　回归（2）、回归（8）中的高管性别的回归系数分别是 0.212、0.208，并且均在 1% 水平下显著（$\beta = 0.212$，$t = 9.27$；$\beta = 0.208$，$t = 9.39$），说明高管性别对应计盈余管理行为有显著的正向影响关系，即公司男性高管占比越大，其进行应计盈余管理可能性就越高，假设 H3-12 得到验证。

　　回归（3）、回归（8）中的高管任期的回归系数分别是 -0.410、-0.456，在 1% 水平下显著为负（$\beta = -0.410$，$t = -6.22$；$\beta = -0.456$，$t = -5.69$），说明高管任期对其进行应计盈余管理行为的影响与预期相符。表示高管任期时间越久，公司高管进行应计盈余管理可能性越低，任期较长的高管比任期较短的高管更能够保证稳健的财务报告质量，任期较长的高管更加关注通过较高质量的财务报告来保护他们自己的声誉，而任期较短的高管则更加关注通过激进的盈余报告来展示他们的能力以及建立自己的声誉，因此假设 H3-14 得到验证。

　　回归（4）、回归（8）中的高管学历的回归系数是 -0.231、-0.239，均在 1% 水平下显著（$\beta = -0.231$，$t = -7.20$；$\beta = -0.239$，$t = -7.16$），这说明高管学历对应计盈余管理行为有显著的负向影响，即高管学历越高，应计盈余管理可能性就越低，假设 H3-16 得到验证。

　　回归（5）、回归（8）中的高管社会资本的回归系数分别是 -0.129、-0.132，通过了 5% 的显著性水平检验（$\beta = -0.129$，$t = -2.40$；$\beta = -0.132$，$t = -2.20$），这说明高管社会资本对应计盈余管理行为有显著的负向影响，即高管社会资本越丰富，应计盈余管理可能性越低，假设 H3-18 得到验证。

　　回归（6）、回归（8）中的高管两职合一的回归系数是 0.121、0.098，不具有显著性（$\beta = 0.121$，$t = 1.24$；$\beta = 0.098$，$t = 1.26$），假设 H3-20 未通过验证。这可能是因为当总经理和董事长的权力和职责集中于同一个人时，高管的权力过度集中，会造成董事独立性受到影响，进而可能带来控制机制和监督机制失效的后果，权力的过度集中也使得管理层更容易进行盈余管理。并且，根据管理层权力理论，总经理和董事长两职合一会导致其进行管理防御的可能性更高，而在进行管理防御的情况下，高管不易选取高质量的审计机构，而会选择与其站在同一战线的会计师事务所作为盟友。并且根据经济关联假说，两职合一的企业，董事长为了自身操纵盈余的需要可能会高价聘请满足其需求的会计师事务所，事务所也因为业绩和收益的需求与被审计企业在经济上产生关联，事务所原有的独立性消失，在审计时对于企业存在的盈余操纵行为视而不见，使得企业盈余管理质量更差。

回归（7）、回归（8）中高管持股的回归系数分别是 -0.311、-0.341，均通过了 5% 的显著性检验（$\beta = -0.311$，$t = -2.41$；$\beta = -0.341$，$t = -2.39$），这说明高管持股会降低应计盈余管理行为的发生，假设 H3-22 得到验证。

二、高管特征对真实盈余管理的影响分析

对高管特征对真实盈余管理的模型进行回归分析，检验研究假设 H3-11、H3-13、H3-15、H3-17、H3-19、H3-21、H3-23，即检验高管特征（高管年龄、性别、任期、学历、社会资本、两职合一、高管持股）对真实盈余管理的影响，结果如表 6-3 所示。

表 6-3　　　　高管特征对真实盈余管理影响的回归结果

变量 RM	回归(1)	回归(2)	回归(3)	回归(4)	回归(5)	回归(6)	回归(7)	回归(8)
Age	-0.201^* (-1.69)	—	—	—	—	—	—	-0.254^* (-1.77)
Gender	—	0.158^{**} (2.22)	—	—	—	—	—	0.136^{**} (2.27)
Tenure	—	—	-0.321^* (-1.78)	—	—	—	—	-0.174^{**} (-2.02)
Edu	—	—	—	-0.211^{**} (-2.32)	—	—	—	-0.229^{**} (-2.39)
SC	—	—	—	—	-0.017^{**} (-1.99)	—	—	-0.013^{**} (-2.01)
Dual	—	—	—	—	—	0.104 (0.23)	—	0.109 (0.21)

续表

变量 $|RM|$	回归 (1)	回归 (2)	回归 (3)	回归 (4)	回归 (5)	回归 (6)	回归 (7)	回归 (8)
MS	—	—	—	—	—	—	-0.048 ** (-2.52)	-0.037 ** (-2.49)
$Growth$	0.102 (0.96)	0.105 (1.03)	0.106 (0.91)	0.107 (0.95)	0.108 (1.02)	0.111 (0.93)	0.101 (0.94)	0.103 (0.98)
INS	-0.121 *** (-4.99)	-0.122 *** (-4.97)	-0.128 *** (-4.91)	-0.125 *** (-4.94)	-0.126 *** (-4.95)	-0.123 *** (-4.93)	-0.127 *** (-4.90)	-0.122 *** (-5.03)
ID	-0.112 (-1.21)	-0.119 (-1.18)	-0.118 (-1.20)	-0.117 (-1.15)	-0.115 (-1.14)	-0.116 (-1.26)	-0.112 (-1.24)	-0.117 (-1.23)
Spv	-0.018 (-1.31)	-0.011 (-1.35)	-0.015 (-1.37)	-0.016 (-1.38)	-0.014 (-1.34)	-0.017 (-1.35)	-0.015 (-1.35)	-0.012 (-1.34)
Lev	0.118 *** (8.24)	0.121 *** (8.30)	0.119 *** (8.31)	0.116 *** (8.9)	0.115 *** (8.28)	0.120 *** (8.27)	0.123 *** (8.20)	0.124 *** (8.21)
$Size$	-0.212 (-0.75)	-0.215 (-0.76)	-0.217 (-0.78)	-0.221 (-0.69)	-0.218 (-0.65)	-0.219 (-0.77)	-0.217 (-0.78)	-0.212 (-0.79)
Own	-0.213 (-1.50)	-0.212 (-1.55)	-0.217 (-1.56)	-0.209 (-1.57)	-0.215 (-1.51)	-0.214 (-1.53)	-0.213 (-1.55)	-0.219 (-1.55)
H_1	-0.257 (-0.14)	-0.259 (-0.13)	-0.256 (-0.18)	-0.255 (-0.17)	-0.259 (-0.15)	-0.258 (-0.14)	-0.248 (-0.13)	-0.249 (-0.12)
Aud_4	-0.343 *** (-2.95)	-0.338 *** (-2.96)	-0.341 *** (-2.98)	-0.340 *** (-3.06)	-0.333 *** (-2.86)	-0.336 *** (-2.91)	-0.338 *** (-2.93)	-0.341 *** (-3.04)
$Turn$	0.123 ** (2.22)	0.127 ** (2.28)	0.121 ** (2.27)	0.123 ** (2.26)	0.120 ** (2.25)	0.124 ** (2.18)	0.128 ** (2.19)	0.129 ** (2.25)
$Cash$	-0.112 (-1.13)	-0.119 (-1.17)	-0.120 (-1.16)	-0.115 (-1.15)	-0.118 (-1.14)	-0.117 (-1.12)	-0.116 (-1.10)	-0.116 (-1.18)
$Constant$	0.452 *** (8.21)	0.448 *** (8.39)	0.447 *** (8.35)	0.450 *** (8.29)	0.450 *** (8.31)	0.439 *** (8.33)	0.451 *** (8.22)	0.455 *** (8.20)
Ind	控制	控制	控制	控制	控制	控制	控制	控制
$Year$	控制	控制	控制	控制	控制	控制	控制	控制
N	3506	3506	3506	3506	3506	3506	3506	3506
$Adj-R^2$	0.2875	0.2687	0.2577	0.2611	0.2771	0.2635	0.2547	0.2475

资料来源：国泰安数据库（CSMAR），网址：https://data.csmar.com。通过 Stata 软件分析得出。

表6－3中回归（1）至回归（7）分别是高管的五个特征高管年龄、性别、任期、学历、社会资本、两职合一、高管持股加入一系列控制变量得到的回归结果，以排除其他因素的影响，确保结果的准确性。回归（8）是综合性的回归，是将真实盈余管理、高管特征和其他所有控制变量包括在内的回归结果。以下对具体的回归结果进行解释。

高管年龄方面，回归（1）和回归（8）表明，高管年龄的回归系数分别为－0.201和－0.254，均在10%的显著性水平下显著为负。这说明高管年龄越大，进行真实盈余管理的可能性越低，经验丰富的高管更可能遵守道德和职业标准，不太可能参与盈余管理，假设H3－11得到验证。

高管性别方面，回归（2）、回归（8）中的高管性别的回归系数是0.158、0.136，并且均在5%水平下显著，这说明公司高管性别对真实盈余管理行为有着显著的正向影响关系，表明男性高管比例越大，公司进行真实盈余管理的可能性越高，反映了性别差异对管理风格和决策的影响，因此假设H3－13得到验证。

高管任期方面，回归（3）、回归（8）中的高管任期的回归系数是－0.321、－0.174，回归（3）在10%水平下显著为负，回归（8）在5%水平下显著为负，这说明高管任期对真实盈余管理行为的影响与预期相符，高管任期时间越久，公司高管进行真实盈余管理的概率越小，因为长期任职的高管更关心公司的长期声誉和绩效，而不是短期的财务表现。随着高管任期时间的增长，高管权力会不断增加，并且此时高管对公司进行的经营策略和绩效表现已经得到股东与董事的认可，因此拥有了一定的声誉，考虑到自己的较高声誉，他们便不易进行机会主义寻租行为，这种人力资本使得他们的经营出现盈余质量较差的情况时将会遭受更大的损失，故此会减少盈余管理行为，假设H3－15得到验证。

高管学历方面，回归（4）、回归（8）中的高管学历的回归系数是－0.211、－0.229，均在5%水平下显著，结果表明，高管学历越高，进行真实盈余管理的可能性越低，因为更高的教育水平提高了专业道德水平和职业责任感，设H3－17得到验证。

高管社会资本方面，回归（5）、回归（8）中的高管社会资本的回归系数

是 −0.017、−0.013，并且均在 5% 水平下显著，表明高管社会资本这一特征对真实盈余管理行为有显著的负向影响，即高管社会资本越丰富，其进行真实盈余管理的可能性就越低，因为社会资本丰富的高管更可能通过正当途径解决问题，而不是通过操纵财务报表，假设 H3 – 19 得到验证。

在回归（6）和回归（8）中，高管两职合一的回归系数分别为 0.104 和 0.109，但这些结果不具有统计显著性，这意味着假设 H3 – 21 两职合一会显著影响盈余管理行为，没有得到支持，因为当总经理和董事长的角色由同一人担任时，可能导致权力过度集中，这种集中可能削弱董事会的独立性，从而削弱对管理层的监督和控制机制。然而，这种权力集中并不必然导致更频繁的真实盈余管理行为，可能是叠加了其他因素（如公司文化、内部控制机制等）的作用。

回归（7）、回归（8）中高管持股的回归系数分别是 −0.048、−0.037，均通过了 5% 的显著性水平检验，这说明高管持股会降低真实盈余管理行为的发生。由于高管持股增强了与公司的一致性和长期承诺，当高管拥有公司股份时，他们可能更关注公司的长期健康和盈利能力，而不是短期的财务表现操纵，假设 H3 – 23 得到验证。

三、股权激励模式在高管特征与盈余管理间的中介作用分析

本部分检验股权激励模式在高管特征与盈余管理间的中介作用，即对假设 H3 – 24 和假设 H3 – 25 进行检验，具体回归结果如表 6 – 4 所示。

表 6 – 4　　　　　　　　股权激励模式的中介作用回归结果

变量	回归（1）|DA|	回归（2）|RM|	回归（3）IM	回归（4）|DA|	回归（5）|RM|
Age	−0.423 ** (−2.15)	−0.254 * (−1.77)	−0.311 *** (−3.14)	−0.425 ** (−2.18)	−0.238 * (−1.85)
Gender	0.208 *** (9.39)	0.136 ** (2.27)	0.347 (1.13)	0.206 *** (9.42)	0.139 ** (2.33)

续表

变量	回归（1） |DA|	回归（2） |RM|	回归（3） IM	回归（4） |DA|	回归（5） |RM|
Tenure	−0.456 *** （−5.69）	−0.174 ** （−2.02）	−0.521 *** （−4.56）	−0.461 *** （−4.62）	−0.189 ** （−2.06）
Edu	−0.239 *** （−7.16）	−0.229 ** （−2.39）	−0.679 *** （−8.43）	−0.235 *** （−6.36）	−0.220 ** （−2.37）
SC	−0.132 ** （−2.20）	−0.013 ** （−2.01）	−0.741 *** （−7.13）	−0.115 * （−1.89）	−0.011 * （−1.89）
Dual	0.098 （1.26）	0.109 （0.21）	—	—	—
MS	−0.341 ** （−2.39）	−0.037 ** （−2.49）	0.584 *** （−7.88）	−0.308 ** （−2.44）	−0.039 ** （−2.46）
IM	—	—	—	0.121 *** （6.89）	0.130 *** （6.34）
Growth	0.134 （0.83）	0.103 （0.98）	0.151 *** （5.78）	0.129 （0.89）	0.111 （1.05）
INS	−0.015 *** （−8.05）	−0.122 *** （−5.03）		−0.023 *** （−8.21）	−0.136 *** （−2.96）
ID	0.016 （0.60）	−0.117 （−1.23）		0.018 （0.55）	−0.112 （−1.49）
Spv	−0.016 *** （−8.42）	−0.012 （−1.34）		−0.011 *** （−8.39）	−0.018 （−1.44）
Lev	0.140 *** （9.59）	0.124 *** （8.21）	−0.352 *** （−4.56）	0.136 *** （9.41）	0.130 *** （7.85）
Size	−0.015 （−0.28）	−0.212 （−0.79）	−0.285 ** （−2.50）	−0.012 （−0.36）	−0.208 （−0.98）
Own	−0.167 （−1.26）	−0.219 （−1.55）	0.354 （0.93）	−0.135 *** （−3.69）	−0.198 （−1.47）
H_1	−0.187 ** （−2.29）	−0.249 （−0.12）		−0.168 ** （−2.53）	−0.237 （−0.69）

续表

变量	回归（1） |DA|	回归（2） |RM|	回归（3） IM	回归（4） |DA|	回归（5） |RM|
Aud_4	−0.061 *** （−6.15）	−0.341 *** （−3.04）	—	−0.059 *** （−6.14）	−0.314 *** （−3.16）
Turn	0.139 *** （8.57）	0.129 ** （2.25）	—	0.128 *** （8.21）	0.116 *** （3.10）
Cash	−0.014 （−0.38）	−0.116 （−1.18）	−0.178 * （−1.74）	−0.016 （−0.36）	−0.110 （−1.02）
Constant	0.269 *** （7.61）	0.455 *** （8.20）	4.677 *** （6.56）	0.254 *** （7.52）	0.412 *** （8.03）
Ind	控制	控制	控制	控制	控制
Year	控制	控制	控制	控制	控制
N	3506	3506	3506	3506	3506
Adj − R^2	0.2745	0.2475	0.2567	0.2475	0.2334

资料来源：国泰安数据库（CSMAR），网址：https：//data. csmar. com。通过 Stata 软件分析得出。

　　应计盈余管理的中介效应。在表 6 − 4 中，根据中介效应三步法检验，回归（1）、回归（3）和回归（4）结果检验了股权激励模式在高管特征和应计盈余管理之间的中介作用。在回归（1）和回归（3）中，高管特征的显著性和前部分保持一致，高管特征对股权激励模式影响显著，高管特征对应计盈余管理影响显著，在此基础上股权激励模式（IM）的系数在回归（4）中显著为正，表明股权激励模式是高管特征对应计盈余管理影响的中介变量。进一步地，高管特征（Age、Gender、Tenure、Edu、SC、MS）系数也表现显著，这表明股权激励模式在两者的影响关系中起到局部中介作用，即高管特征不仅会直接影响应计盈余管理，还会通过股权激励模式间接影响应计盈余管理，该结论验证了假设 H3 − 24。

　　真实盈余管理的中介效应。同理，利用回归（2）、回归（3）、回归（5）结果可以检验股权激励模式在高管特征与真实盈余管理影响下的中介效应。股权激励模式（IM）的回归系数在回归（2）和回归（5）均显著为正，表明股权激励模式是高管特征对真实盈余管理影响的中介变量。进一步地，高管特征（*Age*、*Gender*、*Tenure*、*Edu*、*SC*、*MS*）的系数也表现显著，这表明股权激励模式在两者的影响关系中起到部分中介作用，即高管特征不仅会直接影响真实盈余管理，还会通过股权激励模式间接影响真实盈余管理，该结论验证了假设 H3 – 25。

第三节　稳健性检验

为了确保实证研究结果的稳健性，本章采用了与第五章中对盈余管理变量所采取的替代方法一致的稳健性检验方式，以增强了研究结果的可靠性，以下是详细的稳健性检验方法。

（1）对于应计盈余管理的度量。本章利用原值来衡量应计盈余管理，进一步进行稳健性检验，根据前部分对应计盈余管理的变量定义中可知，能够代表盈余管理程度的可操控性应计利润（*DA*）的度量公式为式（5 – 4），结果见表 6 – 5。

（2）对于被解释变量盈余管理的衡量，本书进一步利用盈余反应系数（*ERC*）来衡量上市公司的盈余管理行为。盈余反应系数是通常采用的一种衡量盈余管理的工具，它可以衡量投资者对于企业盈余公告的反应程度，从而反映出盈余信息的质量和可靠性，*ERC* 指标的具体计算过程在前部分第五章第四节中已作详细说明，故不再赘述，稳健性检验结果如表 6 – 5 所示。

表 6 – 5　　　　　　　　　稳健性检验结果

变量	回归（1）DA	t 值	回归（2）DA	t 值	回归（3）$R_{i,t}$	t 值	回归（4）$R_{i,t}$	t 值
Age	– 0. 237 *	（ – 1. 85）	– 0. 235 *	（ – 1. 81）	—	—	—	—
Gender	0. 123 **	（2. 42）	0. 127 **	（2. 45）	—	—	—	—
Tenure	– 0. 189 *	（ – 1. 85）	– 0. 186 *	（ – 1. 86）	—	—	—	—

续表

变量	回归（1） DA	t 值	回归（2） DA	t 值	回归（3） $R_{i,t}$	t 值	回归（4） $R_{i,t}$	t 值
Edu	-0.321^{**}	(-2.24)	-0.329^{**}	(-2.28)	—	—	—	—
SC	-0.148^{*}	(-1.79)	-0.144^{*}	(-1.76)	—	—	—	—
$Dual$	0.119	(1.08)	0.123	(1.11)	—	—	—	—
MS	-0.201^{*}	(-1.79)	-0.198^{*}	(-1.75)	—	—	—	—
IM	—	—	0.122^{***}	(6.43)	—	—	—	—
$ESP \div P$	—	—	—	—	8.232^{***}	(7.02)	8.240^{***}	(7.10)
$(ESP \div P) \times Age$	—	—	—	—	-0.321^{**}	(2.22)	-0.328^{**}	(2.26)
$(ESP \div P) \times Gender$	—	—	—	—	3.212^{*}	(1.85)	3.217^{*}	(1.89)
$(ESP \div P) \times Tenure$	—	—	—	—	-0.582^{**}	(2.10)	-0.579^{**}	(2.13)
$(ESP \div P) \times Edu$	—	—	—	—	-0.519^{**}	(-2.20)	-0.522^{**}	(-2.19)
$(ESP \div P) \times SC$	—	—	—	—	-0.417^{***}	(-4.69)	-0.423^{***}	(-4.85)
$(ESP \div P) \times IM$	—	—	—	—	—	—	0.562^{**}	(2.30)
$Growth$	0.148^{**}	(2.44)	0.155^{**}	(2.50)	-0.543^{***}	(-4.68)	-0.545^{***}	(-4.62)
INS	-0.107^{***}	(-7.53)	-0.114^{***}	(-7.59)	0.681^{**}	(2.27)	0.685^{**}	(2.27)
ID	0.485	(1.11)	0.490	(1.30)	1.239	(1.51)	1.233	(1.59)
Spv	-0.131^{***}	(-6.67)	-0.138^{***}	(-6.98)	0.221^{**}	(2.09)	0.226^{**}	(2.13)
Lev	0.163^{***}	(8.17)	0.168^{***}	(8.88)	-0.168^{**}	(-2.22)	-0.169^{**}	(-2.28)
$Size$	0.248	(0.77)	0.249	(0.84)	0.128^{*}	(1.69)	0.124^{*}	(1.68)
Own	-0.255	(-1.01)	-0.261	(-2.35)	-0.069	(-0.48)	-0.065	(-0.46)
H_1	-0.124^{***}	(-3.26)	-0.129^{***}	(-3.36)	-0.628^{**}	(-2.16)	-0.622^{**}	(-2.13)
Aud_4	-0.116^{***}	(-5.06)	-0.124^{***}	(-5.54)	0.416	(0.99)	0.418	(0.93)
$Turn$	-0.085^{***}	(-8.99)	-0.095^{***}	(-8.82)	0.129^{***}	(3.48)	0.135^{***}	(3.49)
$Cash$	-0.139	(-0.58)	-0.145	(-0.69)	0.011^{**}	(2.21)	0.010^{**}	(2.29)
$Constant$	0.741^{***}	(9.81)	0.735^{***}	(9.36)	0.127^{***}	(4.54)	0.132^{***}	(4.52)
Ind	控制		控制		控制		控制	
$Year$	控制		控制		控制		控制	
N	3506		3506		3506		3506	
Adj $- R^2$	0.2632		0.2925		0.2485		0.3159	

资料来源：国泰安数据库（CSMAR），网址：https：//data.csmar.com。通过 Stata 软件分析得出。

　　表 6 - 5 中回归（1）和回归（2）的分析结果显示了高管特征对应计盈余管理行为的影响，以及股权激励模式在这一过程中的中介作用的稳健性检验结果。

　　从回归（1）的结果来看，高管年龄的回归系数是 - 0.237，通过了 10% 的显著性检验，这说明高管年龄对公司的应计盈余管理行为有显著的负向影响，即高管年龄越大，可能越重视公司的长期稳定和声誉，进行应计盈余管理的可能性越低，这与高管经验的积累和对风险的认识有关。年长的高管经历了更多的市场周期，对财务报告的真实性和透明度有更高的要求，假设 H3 - 10 进一步得到验证。

　　高管性别的回归系数是 0.123，在 5% 水平下显著，男性高管占比越大，进行应计盈余管理可能性就越高，这与不同性别在风险承担和决策风格上的差异有关，假设 H3 - 12 进一步得到验证。

　　高管任期的回归系数是 - 0.189，在 10% 水平下显著为负，高管任期对应计盈余管理行为的影响与预期相符，说明高管任期时间久，可能对公司有更深厚的忠诚度和归属感，因此更关注公司的长期健康而不是短期的财务表现，并且长期任职的高管更熟悉公司的运营和战略，进行应计盈余管理可能性越低，假设 H3 - 14 进一步得到验证。

　　高管学历的回归系数是 - 0.321，通过了 5% 水平下的显著性检验，高管学历对公应计盈余管理行为有显著的负向影响，即高管学历越高，进行应计盈余管理可能性就越低，这是由于受过更高教育的高管具有更强的分析能力和道德准则，促使他们在执行职责时采取更加负责任和透明的方式，假设 H3 - 16 进一步得到验证。

　　高管社会资本的回归系数是 - 0.148，通过了 10% 水平下的显著性检验，这说明高管社会资本对公司的应计盈余管理行为有显著的负向影响，即高管社会资本越丰富，进行应计盈余管理可能性越低，表明拥有丰富社会资本的高管可能更注重维护其个人和公司的声誉，从而避免采取可能损害这一声誉的应计盈余管理行为，假设 H3 - 18 进一步得到验证。

　　高管两职合一的回归系数是 0.119，经过稳健性检验，发现仍不显著，进一步验证了研究结论的稳健性，即高管两职合一对应计盈余管理影响并不显著。假设 H3 – 20 未得到验证。

高管持股的回归系数是 – 0.201，在 10% 水平下显著，说明高管持股会降低应计盈余管理行为的发生，这一发现强调了股权激励对高管行为的影响，特别是在促进长期价值创造方面，假设 H3 – 22 得到进一步验证。

从回归（2）中可以看出，*IM* 的回归系数分别在 1% 的置信水平上显著，表明股权激励模式是高管特征与应计盈余管理之间的中介变量。高管特征（*Age*、*Gender*、*Tenure*、*Edu*、*SC*）的回归系数显著，进一步表明了这种中介效应是部分中介效应而不是完全中介效应，即高管特征不仅会直接影响应计盈余管理行为，还会通过股权激励模式间接对应计盈余管理产生影响，从而进一步验证了假设 H3 – 24。

回归（3）和回归（4）是基于盈余反应系数（*ERC*）的稳健性检验结果，和上述分析类似，（*ESP* ÷ *P*）× *Age*、（*ESP* ÷ *P*）× *Gender*、（*ESP* ÷ *P*）× *Tenure*、（*ESP* ÷ *P*）× *Edu*、（*ESP* ÷ *P*）× *SC*、（*ESP* ÷ *P*）× *IM* 的系数方向与显著性水平与预期相符。综上可以看出，回归结果与前部分回归结果保持一致，因此认为该模型的估计结果是较为稳健的，研究结论具有稳健性和可靠性。

（3）对于真实盈余管理的度量。采用异常经营活动现金流、异常产品成本和异常酌量性费用 3 个指标，分别采用 *AB_CFO*、*AB_PRODE* 和 *AB_DISEXP* 来表示。指标的具体计算模型在第五章第三节中已详细说明，这些指标能够从不同维度捕捉公司在真实活动层面上进行的盈余管理行为，故不再赘述，结果如表 6 – 6 所示。

表 6 – 6　　　　　　　　　　　稳健性检验结果

变量	回归（1） *AB_CFO*	回归（2） *AB_CFO*	回归（3） *AB_PRODE*	回归（4） *AB_PRODE*	回归（5） *AB_DISEXP*	回归（6） *AB_DISEXP*
Age	– 0.325 * （ – 1.91）	– 0.322 * （ – 1.93）	– 0.215 ** （ – 2.20）	– 0.212 ** （ – 2.23）	– 0.452 *** （ – 8.12）	– 0.451 *** （ – 8.18）
Gender	0.124 * （1.86）	0.122 * （1.81）	0.125 * （1.78）	0.122 * （1.79）	0.102 * （1.69）	0.106 * （1.66）
Tenure	– 0.412 * （ – 1.84）	– 0.419 * （ – 1.80）	– 0.187 * （ – 1.87）	– 0.183 * （ – 1.85）	– 0.185 * （ – 1.86）	– 0.189 * （ – 1.85）

续表

变量	回归（1）AB_CFO	回归（2）AB_CFO	回归（3）AB_PRODE	回归（4）AB_PRODE	回归（5）AB_DISEXP	回归（6）AB_DISEXP
Edu	-0.241** (-2.23)	-0.247** (-2.27)	-0.114** (-2.20)	-0.112** (-2.25)	-0.456** (-2.55)	-0.452** (-2.48)
SC	-0.102* (-1.95)	-0.109* (-1.91)	-0.114** (-2.26)	-0.119** (-2.24)	-0.345** (-2.45)	-0.344** (-2.49)
$Dual$	-0.102 (-1.02)	-0.110 (-1.09)	-0.248 (-1.60)	-0.247 (-1.61)	0.269 (1.07)	0.274 (1.10)
MS	-0.085** (-2.51)	-0.086** (-2.57)	-0.158** (-2.21)	-0.153** (-2.20)	-0.146** (-2.36)	-0.150** (-2.39)
IM	—	-0.130*** (-5.51)	—	0.151*** (8.42)	—	0.061** (2.39)
$Growth$	-0.087*** (-3.68)	-0.089*** (-3.68)	0.365 (1.24)	0.360 (1.23)	-0.144 (-1.05)	-0.148 (-1.07)
INS	0.155** (2.49)	0.157** (2.41)	-0.105 (0.69)	-0.108 (0.65)	-0.585* (-1.78)	-0.582* (-1.71)
ID	0.265* (1.90)	0.262* (1.93)	-0.132 (-1.12)	-0.139 (-1.13)	-0.485 (-1.09)	-0.483 (-1.03)
Spv	-1.181*** (-2.95)	-1.185*** (-2.98)	0.222 (1.08)	0.226 (1.07)	-1.485* (-1.89)	-1.486* (-1.88)
Lev	-0.116*** (-8.36)	-0.117*** (-8.45)	0.354*** (8.21)	0.352*** (8.25)	-0.127*** (-9.33)	-0.128*** (-9.31)
$Size$	0.287*** (8.99)	0.289*** (8.86)	-0.147*** (-6.99)	-0.141*** (-6.94)	0.545*** (6.39)	0.541*** (6.31)
Own	-0.102 (-1.60)	-0.115 (-1.61)	0.149* (1.85)	0.148* (1.87)	0.853 (1.19)	0.857 (1.22)
H_1	0.078*** (8.89)	0.071*** (8.96)	-0.150*** (-9.63)	-0.152*** (-9.66)	0.055*** (7.96)	0.075*** (7.85)
Aud_4	0.133*** (3.31)	0.139*** (3.29)	0.129 (0.45)	0.131 (0.49)	-0.011 (-0.62)	-0.039 (-0.78)

续表

变量	回归（1） AB_CFO	回归（2） AB_CFO	回归（3） AB_PRODE	回归（4） AB_PRODE	回归（5） AB_DISEXP	回归（6） AB_DISEXP
Turn	−0.105 （1.09）	−0.112 （1.10）	−0.110 ** （−2.49）	−0.113 ** （−2.52）	−0.122 （−0.36）	−0.123 （−0.48）
Cash	0.102 *** （4.98）	0.113 *** （4.88）	−0.129 ** （−2.19）	−0.136 ** （−2.22）	−0.125 ** （−2.29）	−0.165 ** （−2.63）
Constant	−0.158 *** （−7.01）	−0.163 *** （−6.91）	0.577 *** （8.21）	0.579 *** （8.19）	−0.352 *** （−8.56）	−0.388 *** （−8.77）
Ind	控制	控制	控制	控制	控制	控制
Year	控制	控制	控制	控制	控制	控制
N	3506	3506	3506	3506	3506	3506
Adj－R^2	0.2474	0.2521	0.2752	0.2886	0.2155	0.2366

资料来源：国泰安数据库（CSMAR），网址：https://data.csmar.com。通过 Stata 软件分析得出。

表 6-6 中回归（1）至回归（6）是基于异常经营现金净流量（AB_CFO）、异常生产成本（AB_PRODE）和异常酌量性费用（AB_DISEXP）的高管特征对真实盈余管理的影响以及股权激励模式的中介作用的稳健性检验结果。

从回归（1）可以看出，高管特征（年龄、性别、任期、学历、社会资本、两职合一、高管持股）对异常经营现金净流量（AB_CFO）产生显著影响，方向与预期相符，结果表明高管的个人特征影响盈余管理。例如，更年长的高管可能由于其丰富的经验和对企业稳定的重视而较少参与真实盈余管理活动。同样，高管的学历和社会资本可能反映了其对道德和职业规范的认知，从而在盈余管理中体现出更高的责任感和透明度。在回归（3）和回归（5）中，高管特征对异常生产成本（AB_PRODE）和异常酌量性费用（AB_DISEXP）同样表现出显著影响，这进一步证实了高管可能通过调整生产成本或酌量性费用来影响企业的财务报表，从而实现盈余管理的目的，假设 H3-11、H3-13、H3-15、H3-17、H3-19、H3-23 进一步得到验证，假设 H3-21 未通过检验。

关于股权激励模式的中介作用，回归（2）、回归（4）和回归（6）中 *IM* 系数的显著性表明，股权激励模式确实在高管特征与企业异常经营现金净流量、异常生产成本和异常酌量性费用之间起到了部分中介作用。这意味着高管特征不仅直接影响企业的真实盈余管理行为，还可能通过股权激励模式间接影响盈余管理行为，从而进一步验证了假设 H3 - 25。

综上所述，本章回归结果与前部分回归结果保持一致，因此认为该模型的估计结果是较为稳健的，研究结论具有稳健性和可靠性。

第四节　本 章 小 结

本章深入探讨了高管特征、股权激励模式与盈余管理之间的复杂关系，研究聚焦于高管特征对应计盈余管理和真实盈余管理的影响，进一步探讨了股权激励模式在这两者之间的中介作用。

通过研究高管特征对应计盈余管理的影响发现：其一，高管年龄对应计盈余管理行为呈现出显著的负向影响，表明年龄较大的高管更倾向于遵守财务报告规范，减少盈余管理行为；其二，性别因素也显著，其中男性占比较高的高管团队更可能进行应计盈余管理，这与性别相关的风险偏好和决策风格有关；其三，高管的任期越长，越倾向于避免应计盈余管理，这是由于长期任期的高管更加重视企业的长期健康和稳定；其四，高管学历的提高减少了应计盈余管理的可能性，这反映了更高学历的高管具有更强的职业伦理和批判性思维能力；其五，高管的社会资本呈现出与应计盈余管理的负相关性，这是因为拥有丰富社会资本的高管更倾向于维护其声誉和社会形象；其六，高管两职合一的情况并未显著影响应计盈余管理行为，表明当总经理和董事长职务合并时，可能会出现权力过度集中的情况，从而影响董事会的独立性和有效监督，从经济关联的角度来看，这也可能导致审计独立性的下降和盈余管理质量的降低；其七，高管持股对应计盈余管理具有显著的负向影响，表明高管持有更多股份时，可能更关注公司的长期利益，从而减少应计盈余管理行为。

通过对高管特征对真实盈余管理的影响研究，发现高管年龄对真实盈余管理行为有显著的负向影响，即高管年龄越大，真实盈余管理可能性越低，这是因为年长的高管往往具有丰富的经验和成熟的决策风格，更倾向于遵循财务报告的道德和规范；高管性别对真实盈余管理行为有显著的正向影响关系，即公司高管男性占比越大，真实盈余管理可能性就越高；高管任期对真实盈余管理行为的影响与预期相符，这说明高管任期时间越久，进行真实盈余管理可能性越低，这反映了他们对企业长期发展和声誉的关注；高管学历对真实盈余管理行为有显著的负向影响，即高管学历越高，真实盈余管理可能性就越低；高管社会资本对真实盈余管理行为有显著的负向影响，即高管社会资本越丰富，真实盈余管理可能性越低，这是因为具有丰富社会资本的高管更加注重维护自身和公司的声誉。值得注意的是，高管两职合一并未对真实盈余管理行为产生显著影响；高管持股对真实盈余管理行为有显著的负向影响，即高管持股越高，真实盈余管理可能性越低，说明持股高管可能更关注公司的长期利益，因此更少参与真实盈余管理。

此外，研究还探讨了股权激励模式在高管特征与应计盈余管理与真实盈余管理关系中的中介作用，结果表明，股权激励模式在高管特征对企业应计盈余管理和真实盈余管理影响中起着局部的中介作用，这意味着高管特征不仅直接影响企业的盈余管理，也通过股权激励模式间接影响盈余管理。对研究结果采用三种方式的稳健性检验，检验结果与前部分回归结果依然保持一致，因此认为该模型的估计结果是较为稳健的，研究结论具有稳健性和可靠性。

第七章　研究结论与对策

第一节　研究结论

本书通过理论分析与实证检验，得到以下研究结论。

（1）结合高阶理论，实证分析了高管特征对股权激励模式选择的影响。研究结果发现年长、任期久、学历高、社会资本丰富以及持股比例较低的高管，更倾向于采用限制性股票模式，而年轻、任期短、学历低、社会资本缺乏以及持股较多的高管，更倾向于采用股票期权模式。而高管性别的影响虽然与预期一致，但可能由于样本限制，影响并不显著。

（2）研究了不同股权激励模式对应计盈余管理和真实盈余管理的影响。研究表明，在实施股权激励的上市公司，选择股票期权比选择限制性股票激励的公司的高管更容易进行应计盈余管理和真实盈余管理。在控制变量方面，公司成长性越好，越有可能进行应计盈余管理和真实盈余管理，然而对应计盈余管理的影响效果并不显著；机构投资者持股比例越小的公司，越有可能进行应计盈余管理和真实盈余管理行为，说明机构投资者的持股行为会抑制公司的盈余管理行为；监事会人数对盈余管理程度的影响显著，监事会规模越大，其对高管权力的监督和限制越大，这会影响高管的机会主义行为，对盈余管理行为有一定的抑制作用；公司规模、控股股东性质、现金流状况、总资产周转率的系数均不显著，表明样本公司的盈余管理行为与公司的规模、控股股东性质、现金流无关；审计报告由国际"四大"会计师事务所出具的公司，相对不容易进行盈余管理行为。最后，通过三种方式进行稳健性检验，发现研究结论依然保持一致。

（3）探讨了高管特征对盈余管理的影响，并进一步揭示了股权激励模式在两者之间的中介作用。通过对高管特征对应计盈余管理的影响研究，发现高管年龄对应计盈余管理行为有显著的负向影响，即高管年龄越大，应计盈余管理可能性越低；高管性别对应计盈余管理行为有显著的正向影响关系，即公司男性高管占比越大，应计盈余管理可能性就越高；高管的任期时间越久，公司高管进行应计盈余管理可能性越低；高管学历对应计盈余管理行为有显著的负向影响，即高管学历越高，应计盈余管理可能性就越低；高管的社会资本对应计盈余管理行为有显著的负向影响，即高管社会资本越丰富，应计盈余管理可能性越低；高管两职合一并未对应计盈余管理行为产生显著影响，这可能是高管的权力过度集中会造成原有董事独立性受到影响，进而可能带来控制机制和监督机制失效的后果，权力的过于集中也使得管理层也更容易进行盈余管理。并且，根据管理层权力理论，总经理和董事长两职合一会导致其进行管理防御的可能性更高，而在管理防御的情况下，高管就更不会选取高质量的审计机构，而是为了自身操纵盈余的需要高价聘请满足其需求的事务所，使得企业盈余管理质量更差；高管持股对应计盈余管理行为有显著的负向影响，即高管持股越高，应计盈余管理可能性越低。

通过对高管特征对真实盈余管理的影响研究，发现高管年龄对真实盈余管理行为有显著的负向影响，即高管年龄越大，真实盈余管理可能性越低；高管性别对真实盈余管理行为有显著的正向影响关系，即公司男性高管占比越大，真实盈余管理可能性就越高；高管任期对真实盈余管理行为的影响与预期相符，这说明高管任期时间越久，公司高管进行真实盈余管理可能性越低；高管学历对真实盈余管理行为有显著的负向影响，即高管学历越高，真实盈余管理可能性就越低；高管的社会资本对真实盈余管理行为有显著的负向影响，即高管社会资本越丰富，真实盈余管理可能性越低；高管两职合一并未对真实盈余管理行为产生显著影响；高管持股对真实盈余管理行为有显著的负向影响，即高管持股越高，真实盈余管理可能性越低。

（4）此外，进一步探讨了股权激励模式是否在高管特征与应计、真实盈余管理关系间起到中介作用，结果表明股权激励模式在两者的影响关系中起到局部中介作用，即高管特征不仅会直接影响企业应计盈余管理和真实盈余管理，还会通过股权激励模式间接对应计和真实盈余管理产生影响，对研究结果进行稳健性检验，研究结论依然保持一致。

第二节　研究创新点

与现有研究相比，本书的主要创新点有以下方面。

（1）本书创新性地从高管特征的角度研究股权激励模式的选择问题，明确指出股权激励模式的选择会显著受到高管特征的影响。本书研究揭示了高管特征与股权激励模式选择之间的影响路径主要通过决策行为这一中间环节来实现。在衡量高管特征时，本书从高管的内在特征和外在特征两个方面进行分析。

尽管以往的实证研究对股权激励模式的选择问题已进行了广泛探讨，主要从公司的基本特征（如公司规模、行业属性、成长性、治理结构等）角度出发，但这些研究通常基于高管同质性的假设，这一假设与现实情况存在明显的偏差。现实中，高管并不同质化，且不是所有高管都持有风险中性的态度。由于股权激励主要针对高管，高管的个体差异，如行为决策和风险偏好等方面的不同，对股权激励模式的选择具有重要影响。不同的股权激励模式具有各自的优势和适用场景，本书的研究结果表明，公司在进行股权激励模式选择时，会选择与高管特征相匹配的模式。这一研究不仅丰富了股权激励模式选择的理论，也拓展了影响因素研究的视角，为上市公司选择股权激励模式提供了新的思路和参考。

（2）本书将高管特征、股权激励模式、盈余管理三者纳入同一框架，系统、深入地分析和揭示了高管特征、股权激励模式、盈余管理三者之间的关系，以及三者之间的影响路径。具体地，从高管特征角度出发，研究其对股权激励模式的影响，而不同的股权激励模式又影响着盈余管理行为，即股权激励模式在高管特征对盈余管理影响中具有中介作用。进一步深入研究发现，高管特征对盈余管理也有直接影响，即股权激励模式的中介效应只是局部中介效应而非完全中介效应。研究进一步丰富和拓展了高管特征、股权激励模式和盈余管理三方面的相关研究，为减少高管盈余管理行为、提高上市公司治理质量提供实践参考。

（3）在高管特征对盈余管理的影响研究中，衡量高管特征从高管内在特征和外在特征两方面进行衡量，尤其是考虑了高管外在特征方面，在此基础上，揭示高管特征对盈余管理的影响关系和传导机理。例如将高管社会资本这一指标扩展到对股权激励模式选择及盈余管理的影响。现有关于高管特征的研究大多采用体现人口统计学方面的指标（如年龄、性别、学历、任期等）进行衡量，忽视了社会资本的重要影响作用，因此本书尝试从高管政府背景、海外背景、在外兼职等社会资本因素方面研究高管社会资本对股权激励模式选择及盈余管理行为的影响，扩展了高管特征对股权激励模式选择和盈余管理的影响研究，为减少盈余管理行为的发生提供决策参考。

第三节　管　理　启　示

股权激励可以改善高管人员以往较为固定的薪酬结构，构成一种长期的激励制度。然而，实际操作中出现了诸多问题，例如，股权激励可能变成高管攫取私利的手段，或者激发高管的盈余管理行为。本书对这些问题进行了详尽的实证研究，旨在探索如何避免或减少这类问题的发生。基于研究结果，本书为企业管理提供了以下启示。

一、科学合理选择股权激励模式

选择合适的股权激励模式，可以有效激发高管的工作热情，促进企业的长期发展。企业在选择股权激励模式时，除了需要考虑企业的基本特征，如行业属性、公司规模、成长性等，还应重视高管的个人特征。例如，高管的年龄、任期、学历背景、社会资本以及在公司中的角色和股份持有情况，都可能直接或间接影响股权激励的效果。年轻高管可能更倾向于选择提供成长和价值实现潜力的期权类激励，而经验丰富的高管则可能偏好股票授予等直接确认贡献的模式。

此外，公司所属的控股股东性质也是选择股权激励模式的重要考虑因素。尽管现有研究未显示控股股东性质与股权激励模式选择之间有显著统计关系，但这可能与研究样本的局限性有关。实际操作中，国有企业和民营企业在股权激励的实施上面临不同的政策环境和市场条件，需采取不同的策略。例如，国有企业在选择股权激励模式时，需要更加关注公平性、透明度及与国家战略的一致性，且在实施时受到较多政策限制，需要以更细致严格的激励模式和执行细则来保证激励计划的合规性和有效性。对于民营企业，股权激励模式的选择和设计则可更具灵活性和多样性，以适应市场快速变化和企业发展需求，通过设置合理的业绩考核指标和激励条件，确保股权激励既能激发高管和关键员工的积极性，又能促进企业长期价值增长。

二、结合高管特征提升盈余质量

在竞争激烈的商业环境中，公司盈余质量的高低不仅影响公司的市场信誉和投资者信心，还直接关系公司的长期发展和稳定性。本书研究指出，高管个人特征因素，如年龄、性别、学历、任期、社会资本以及高管持股情况，对于企业的盈余管理行为有着显著影响，这些发现为企业在选聘高管以及设计激励机制时提供了重要的参考依据。

高管年龄的因素对于盈余管理行为尤为关键。年轻的高管可能由于欠缺经验或是追求快速的职业发展而更倾向于采取积极的盈余管理策略，然而，这种策略可能会牺牲企业长期利益以追求短期的业绩表现，因此，在选聘高管时，企业应综合考虑候选人的年龄与经验，平衡创新精神和稳健管理之间的关系。

性别差异也是影响盈余管理行为的一个重要维度。本书研究表明，女性高管倾向于采取更为保守的财务报告策略，这有助于提高盈余质量，因此，增加女性高管的比例，可能是企业提升盈余质量的一个有效策略。

高管的学历背景对其决策风格和策略选择同样有着深远影响。高学历高管往往拥有更加系统的知识结构和更广阔的视野，能够从更长远的角度考虑企业的发展，从而更可能采取旨在提升长期盈余质量的管理措施。

高管的任期长度及其社会资本也是决定其管理行为的关键因素。任期较长的高管更熟悉企业的运营和文化，可能更注重企业的长期利益和可持续发展。

拥有丰富社会资本的高管能够利用广泛的网络资源为企业带来更多机会，这也有利于提升盈余质量。

高管持股情况则直接关系其个人利益与企业利益的一致性。高管如果持有较多公司股份，其个人财富的增减将与公司的长期表现紧密相连，这促使高管在决策时更加重视公司的长期利益，从而有助于减少盈余管理行为，提高盈余质量。

三、优化股权激励方案

在现代企业管理中，股权激励计划的设置是为了让管理层和股东双方利益达成共识，使得管理者所制定的经营决策更加有利于企业的效益与发展。然而，不同的股权激励模式可能会对高管的盈余管理行为产生不同的影响，为了确保股权激励机制能够有效地促进企业长期健康发展，企业需要根据自身特点和高管特征，设计、优化、实施更为合理的股权激励方案。

（1）优化股权激励结构。企业应设计包含长期和短期激励机制的综合股权激励方案，以平衡高管的短期业绩和长期价值创造。长期激励可以通过限制性股票、股票期权等形式实现，要求高管在一定期限后才能行权或解禁，从而鼓励高管关注企业的长期发展。短期激励可以通过年度奖金等形式体现，以反映高管在短期内对企业业绩的贡献。

（2）多样的业绩考核指标。就我国上市公司的股权激励契约而言，关于管理层行权条件的规定往往仅涉及单一的财务指标。上市公司建立股权激励计划的重要原因在于引导高管人员从长远角度考虑公司利益，行权期限的长短对股权激励计划的最终效果产生重大影响。单一的财务指标考核体系一般是以企业的盈利表现为依据，这会大大增加高管为达到业绩考核目标而加大对公司盈余进行操控的行为发生，因此以盈利为唯一目标的考核指标体系亟须进行完善。本书认为，除了考核盈利能力，还要保障公司盈余质量较高的业绩考核体系。基于此，对于上市公司而言，需要采用多样化的、综合性的考核标准，加入不易被操纵的财务指标或者非财务指标，从而更全面地评价公司业绩、减少公司管理层的盈余操纵行为。

（3）设置合理的股权激励比例和行权条件。股权激励的比例和行权条件应与高管的职责、贡献及企业的战略目标相匹配。避免设置过高的激励比例导致高管过度关注股价短期波动，从而采取激进的盈余管理策略。同时，行权条件应结合企业发展的实际情况，设置明确的业绩门槛，确保高管的利益与企业长期利益一致。

（4）增强透明度和监督机制。企业应建立透明的股权激励计划公告和披露制度，通过董事会和股东大会等机构对股权激励计划进行监督和评估。同时，应引入第三方评估和咨询机构，定期对股权激励的实施效果进行评估，确保股权激励计划的合理性和有效性，为董事会提供客观公正的决策依据。

（5）建立激励与约束并重的机制。在股权激励机制中加入必要的约束机制，如回购条款、竞业禁止条款等，防止高管在离职后利用手中的股权对企业造成不利影响。

四、严格高管行为监管

严格的高管行为监管是提升公司盈余质量的关键措施之一。高管作为公司的决策者，其行为直接影响公司的经营效果和财务表现。高管能够成功实施盈余管理行为的原因主要有两个方面：一是高管个人在公司内部除了享有一定权力以外，还积累了一些势力与人脉等社会资本；二是外部市场对企业真实盈余管理行为的识别与监督不到位。从公司内部来说，企业可以在监事会中下设一个独立于企业管理层的特殊机构，由其主要负责识别和审查企业的不正常经营活动，对有损企业价值的行为进行预先防范，同时加强与外部利益相关者的沟通，打通内外部监管的渠道。除此之外，企业还可在股权激励的基础上引入竞争淘汰机制，一旦发现管理层存在不良行为，及时进行记录和评估，作为考核的补充依据。

（一）建立完善的内部控制系统

1. 完善的内部审计机制

企业应设立独立的内审部门，定期对高管的决策和行为进行审计，确保其符合公司政策和法律法规的要求。内审部门应直接向董事会或审计委员会报告，保证审计工作的独立性和客观性，通过内部审计及时发现和纠正高管的违规行为，保障公司利益和声誉。内部审计部门是企业的职能部门，具有分析、监督和评价等内部治理职能，内部审计对高管行为进行监控，更有可能发现其腐败行为。内部审计部门比较理想的组织模式是受董事会、审计委员会的直接管理，直接向董事会或审计委员会报告，部门经费的拨给、内审人员的任免、绩效考核以及薪酬发放都由董事会、审计委员会所决定，同时完善内部审计部门的组织结构。

2. 风险管理体系

建立全面的风险管理体系，对企业运营中可能出现的各种风险进行识别、评估和监控，包括财务风险、市场风险、法律风险等，有效预防和控制高管行为可能引起的风险。

（二）强化董事会的监督职能

优化董事会结构，确保董事会成员具有多元化背景，提高独立董事的比例，增强董事会的独立性和监督能力。定期评估高管绩效，董事会应定期对高管的业绩进行评估，包括财务表现、战略实施情况、职业道德表现等，评估结果应作为高管薪酬和奖励的重要依据。建立有效的沟通机制，董事会与高管之间应建立开放、透明的沟通机制，确保董事会能够及时了解公司经营情况和重大决策，及时发现并纠正高管的不当行为。

（三）建立举报机制

鼓励员工和其他利益相关者举报高管的盈余违规行为，确保问题得到及时发现和处理。考虑设立独立的机构或部门，负责接收和处理举报，以确保信息的中立性和保密性，并且提供便捷的在线平台，使员工和其他利益相关者能够匿名或实名提交举报。

（四）完善高管问责制度

对于高管的过失和错误行为，要严格追究其责任，给予相应的处罚，建立清晰的追责标准和程序，确保问责的依据和流程能够被广泛理解和接受。强化问责力度需要明确责任的归属，以便能够精准地对高管个体进行问责，这包括对不同层级的高管在企业内部进行明确的责任分工，从而使得问责能够有针对性地进行。

第四节　对策建议

一、加大对盈余管理行为奖惩力度

在实际中，上市公司通常存在以下两种现象：一是虽然存在针对高管的奖励规定，但却未有对其治理不善的惩罚政策；二是即便部分上市公司存在着奖惩政策，但通常是奖励政策的力度显著高于惩罚政策的力度。原因有两方面：一是上市公司因信息不对称、对高管人员管理能力难以判断等问题的存在，使其无法准确量化高管个人努力对公司整体业绩的贡献程度，在这种状态下，公司秉承谨慎性原则，一般会选择既不显著加大奖励力度，也不明显增加惩罚幅度的这种较为折中的方式，但是这种处理方式可能会加大高管人员道德风险发生的概率；二是即便公司业绩和利润下降，高管人员基于对自身声誉和未来职业发展的考虑，大多数情况下不会自觉承担这一责任，选择坦然接受公司对其的处罚，事实上更可能会把导致公司利润下降的原因归咎于外部市场的不利因素或整体经济环境的恶化，从而达到推卸管理责任并免于被惩罚的目的。换言之，上市公司的高管人员极有可能利用奖惩政策内容的不清晰和奖惩政策具体操作阶段的不确定性，以此推脱管理责任和逃避公司惩罚。

现阶段，我国对上市公司高管盈余管理行为的处罚较轻，而盈余管理所产生收益通常较大，在一定程度上加剧了管理层通过盈余管理实现自身利益最大化。强有力的市场监督是上市公司信息披露质量的可靠保障。因此，相关监管部门在制定配套的法律法规时，有必要考虑上市公司高管个人行为的责任追究情况。通过提高惩处力度，增加管理层进行股权激励盈余管理的边际成本；通过制定科学、有效的管理方案，监督上市公司高管的经营管理行为，使其更加明确其对公司财务报告信息披露质量所承担的重要责任，从而有效地抑制上市公司高管的盈余管理行为，如设置"诚信清单"对连续期间内披露信息质量较高的企业进行公示，提升企业声誉；对披露虚假信息或利用披露漏洞不认真履行信息披露义务的企业，监管部门应进一步明确处罚措施和处罚范围。

二、建立稳定高效的职业经理人市场

要使薪酬激励制度对高管盈余管理行为的抑制作用得到充分发挥，不仅要求公司在内部治理结构方面的进一步优化，更重要的是公司外部治理体系的建立与健全。通常来说，一个完善良好的职业经理人市场应具备为有人才需求的公司提供优质人才资源的能力。职业经理人市场的建立，可以实现上市公司与职业经理人之间的互利共赢，更多综合实力强的职业经理人的加入，可以给上市公司的发展与壮大补充新生力量，进一步提升公司的治理水平，从而有利于公司盈余质量的提升。本书研究中发现高管特征会显著影响盈余管理行为的发生，因此建立稳定高效的职业经理人市场可以在很大程度上降低盈余管理行为。主要基于以下几个原因。

（1）增强市场透明度和竞争性。在一个稳定且高效的职业经理人市场中，企业能够从更广泛和更具竞争性的候选人中选择合适的管理人员，这种竞争环境促使职业经理人依靠其实际业绩而非操纵财务报表来突出自己的能力，市场透明度的提高使得企业更容易辨别和选择真正有能力的管理人员，而不是那些依靠操纵财务数据来美化业绩的经理人。

（2）改善绩效评估和激励机制。在一个高效的职业经理人市场中，企业倾向于采用更为科学的绩效评估系统和激励机制，这些系统和机制通常基于长期和多维度的绩效指标，而不仅仅是短期财务表现，这减少了经理人为了实现短期财务指标而进行盈余管理的动机。

（3）职业道德和声誉机制。一个成熟的职业经理人市场强调职业道德、维护个人信誉及企业声誉，经理人的职业生涯发展和声誉建立在其诚信和业绩上，在这样的市场环境中，从事盈余管理等不当行为的风险包括职业声誉受损和未来职业机会的减少，从而构成对经理人的一种自然抑制。

（4）提高职业流动性。高效的职业经理人市场增强了管理人才的流动性，这意味着经理人为了保持在市场中的竞争力和吸引力，必须展示真实且持续的业绩改进，而不是依赖会计手段的调整。此外，高流动性也使得公司更容易替换那些行为不端的经理人，增强对管理层的监管和控制。

三、健全股权激励的相关法律法规

我国已经颁布了多项与股权激励相关的法律条文和规章制度，这些措施构成了一个相对完备的股权激励制度框架。然而，现有的法律法规尚未形成一个系统化的整体，且某些具体细节还需进一步完善。在我国，企业在实施股权激励过程中出现的盈余管理行为，部分原因可归于法律法规的不完善为公司管理层钻政策空子、实施盈余操纵提供了机会。因此，国家必须进一步加强对股权激励政策的引导，完善相关法规，并对股权激励计划的实施进行合理的指导，以避免盈余管理行为的发生。

在股权激励的操作层面，公司在制定股权激励计划时在激励数量、激励时长、激励模式等方面应有明确的规范。这不仅为公司管理者提供了清晰的激励方向，也有助于避免为追求个人利益而进行的盈余管理行为。

据本书的统计分析，股票期权在我国的应用数量正在逐渐减少。考虑到股票期权对股价的高度敏感性，高管可能通过操控行权价格来获取利益，因此必须加强对股价操纵的监管措施，并不断更新股权激励相关的法律法规及配套措施，以充分发挥股权激励的积极作用。同时，股票期权模式的相关激励条款在我国的界定尚不清晰，通过借鉴西方发达国家的成功经验可以看出，上市公司的股权激励制度的成功实施离不开完善的税收法律制度的支持与推动。因此，我国应进一步完善相关法律法规，以充分发挥股权激励对上市公司的积极影响，促进我国资本市场的健康发展。

四、健全信息披露制度

虽然目前监管机构有关部门坚持不定期对公司的财务报表数据进行重点专项审查，但事实上，公司信息资料仍然不能够保证准确、及时、完整地披露，上市公司信息披露制度体系仍然不完善。为了保证会计信息的质量和透明度，政策制定机构需要重点加强对上市公司尤其是非国有上市公司的信息披露，建议完善信息披露制度，将有关信息更加精准地披露出来，确保及时披露重大信息。披露的延迟可能导致猜测和不确定性，影响公司的市场估值和利益相关者的信任。让整个证券市场管理更加地公开与透明，可避免出现个别企业利用虚假信息和披露的制度问题进行企业盈余管理。管理层进行盈余管理的前提之一就是利用自身的信息优势地位，借助信息不对称来使自身行为得以顺利实施，因此，有关政策制定机构应加强对信息披露制度的完善，降低企业管理层与各利益相关方的信息不对称程度。

强化政府对企业盈余质量的监管职能，加强政策的威慑效应，减少企业盈余操纵的空间。首先，从法治层面提升政府监管力度，政府应依法实施监管，避免监管不力和监管过度状况，对企业重大财务信息造假、出具虚假报告等违法行为进行严厉打击，从制度上规范对盈余质量的监管，对现有法律体系进行修订和完善以适应经济社会发展的需要。其次，赋予各级税务、财政及审计机关监督审查权力，各机关部门在监管范围和内容方面要相互沟通，部门之间协调配合并各司其职，对企业弄虚作假等行为严肃处理。最后，政府各级部门及所属单位中鉴证人员要提升业务水平，在监督、检查过程中持有高度的敏锐性，特别是针对隐蔽性强的真实盈余管理行为，能够及时发现并打击，通过提升政府鉴证人员的工作水平和质量，保证政府监管的有效性。

除此之外，监管机构可以提供中小投资者交流互动官方平台和公司盈余管理行为举报平台，提高信息的透明度，中小投资者在投资前可以在官方平台上查看公众对被投资公司的评价，帮助中小投资者了解被投资公司的财务状况，规避一定的投资风险，更好地保护中小投资者的权益；完善公司盈余管理行为定义标准及举报制度，把实施盈余管理的企业分为处罚对象，增加公司盈余管理行为处罚，有效避免劣币驱逐良币，减少公司盈余管理的操作空间。

五、充分发挥媒体的监督职能

媒体监督被视为一项重要的外部监督要素，通过声誉机制及监督机制对管理者的行为能够起到监督和威慑作用，能够减少企业的委托代理成本，抑制管理层的盈余管理行为和动机。在宏观层面，一是加强社会媒体的公信力，媒体要保持独立性和客观公正性，如实报道新闻，遵守行业中的道德规范，更好发挥监管职能。二是政府要加大对互联网媒体发展的支持，为媒体披露企业的不良行为创造理想的社会和制度环境，并通过制定有关政策条款来引导上市企业提升其对媒体报道内容的关注，在媒体报道企业的负面行为时提供支持和保护，让媒体敢于披露企业的负面消息。在微观层面，公司及其所有者要能积极主动地承担社会责任，增强媒体对各个企业的关注度，增加媒体报道数量，以更好发挥媒体的社会监督作用，让企业高管更多出于声誉等因素的考虑，主动规范自身行为，注重企业的长期持续和高质量的发展。

六、加强投资者识别盈余管理的能力

盈余管理行为会破坏投资者对收益质量的判断，从而影响投资者的利益，因此投资者识别企业的盈余管理行为能够在一定程度上帮助投资者避免部分损失。建议投资者可以通过以下方式识别盈余管理行为。

（1）分析财务报表关键指标。查阅上市公司公布的财务报表是投资者快速了解一个公司的发展状况和运营实力、判断一个公司管理层是否存在盈余管理行为最直接的方式。投资者应该重视上市公司披露的年度财务报告。横向与纵向对比分析股权激励实施前后财务指标的差异，如果企业某一指标的数额发生较大的变化，或有别于同行业整体的发展趋势，很可能就是管理层实施盈余管理导致的异常情况。

根据不同财务报表之间的关联关系，查询公司是否有不符合常理的情况。投资者应重点关注部分财务指标，如利润表和现金流量表，以掌握公司目前经营状况和今后发展前景，作出正确的投资决策。利润表是一种直观反映企业实际运营情况的会计报表，它能在一定程度上检测到企业的经营与发展是否处于良好的状态，而现金流量表却是一种间接地揭示企业财务状况的报表，两者结合起来，可以为管理层提供更多的有用信息。净资产收益率与资本积累速度有关，是一个较为重要的财务指标。投资者应分析净资产收益率，判断公司发展前景；关注现金流量表，判断公司是否财务造假；对公司进行盈利分析；会计政策和会计折旧方法的运用是否得当；对股权权益增发与配售问题进行剖析。关注应计项目的占比，按照权责发生制的会计原则，对等价值的商品和业务在商业上已经预先送达，使企业已经有权支付某笔资金的那一部分，但大部分企业并没有得到真正意义上的资金。倘若计划投资公司应收账款占比较高，则考虑管理层通过宽松的信用政策、加大赊销力度，增加应收账款和收入的方式进行盈余管理。

（2）关注真实业务发生时点。投资者在投资前应查阅被投资单位的财务报表，同时多关注报表中真实业务的发生时点。投资者应该关注上市公司的现金流量表和应收账款科目，因为现金流对企业的经营状况有更真实的反映。通常，真实业务一般包括改变产品的生产措施、加大研发力度、增加投资等。管理者进行盈余管理行为的最初目的在于使个人收益最大化，在此过程中，不会考虑公司的未来。投资者应该关注财务报表中的研发投入与研发产出、投资总额，综合考虑企业研发创新能力、未来发展潜力、新产品迭代时间、管理能力和主营业务产品的市场占有率，判断企业所处的行业生命周期，是否具有投资潜力。投资者在投资前优先选择具有完善会计信息披露制度的公司，只有当企业内部建立了完善的会计制度，才能获得真实可靠的财务数据。通常，比较明显的真实盈余管理手段主要体现在销售、生产和管理等环节，投资者应关注被投资单位的信用政策、异常酌量性费用支出的占比、股票回购情况等。

（3）理性投资，避免盲目投机。投资者在投资决策的过程中应该采用科学的投资方法，正确评估企业价值。

首先，在投资前投资者要对计划投资的公司所在行业进行简单的分析，关注行业的整体发展环境和生命周期，通过科学分析与合理配置，将投资的眼光和时间放长远，不局限于短期市场的起伏。

其次，投资者在投资前要认真分析公司的市场份额、收入总体构成和收入总额，与近五年的收入情况进行纵向对比，与同行业同地区的公司财务状况和经营成果进行横向对比，分析判断公司的收入状况是否远高于或远低于同行，公司是否适合投资，是否具有发展前景。投资者在投资前需核实公司年度报告中对营业收入水平原因的分析和解释是否与财务报表中所反映的营业收入情况一致，倘若不一致，投资者应当考虑管理层有进行盈余管理行为的风险。

最后，投资者在投资过程中，采用科学的分析方法，采取有效的风险防控措施，可以减少投资的失误和疏漏等不利影响。

第五节 研究的不足及展望

虽然本书创新性地从高管特征角度研究了其对股权激励模式选择的影响，并且扩展了高管特征的界定方式，系统分析和揭示了高管特征、股权激励模式、盈余管理三者之间的关系，丰富和拓展了相关研究，但由于研究数据及其他各种原因，因此存在一些不足之处，主要体现在以下几个方面。

（1）在高管特征对股权激励模式选择研究中，没有进一步考虑高管多种特征交叉时的股权激励模式选择。例如本书研究发现，对于年长的高管，更适合选择授予其限制性股票模式，对于任期短的高管，更适合选择授予其股票期权模式，那么对于既年长又任期短的高管，该如何选择，本书没有对此进行更进一步的探讨，而是仅从高管单一特征角度探讨股权激励模式的选择偏好。这是本书的研究不足，后续笔者会继续对该问题进行研究。

（2）对于股权激励模式的选择，本书仅对常用的股票期权和限制性股票两种模式进行探讨，而股权激励模式还有股票增值权、其他激励模式，由于股票增值权以及其他激励模式实施的数量非常少，无法满足基本的实证分析需求，因此本书并没有探讨其他股权激励模式，对研究的完整性造成一定的影响。

（3）在样本选取方面，目前有关管理层股权激励的样本主要来自上市公司的数据，本书同样采用上市企业数据对管理层股权激励和盈余管理的关系进行了一系列探讨，但从企业发展及留住人才等角度，中小型企业更有动机对管理者实施股权激励计划，同时，新三板的建立和完善有利于非上市公司管理者所持有的激励股份在上面进行交易获利。由此，未来针对高管股权激励的研究数据可以从上市企业扩展至新三板中的非上市企业数据，通过扩大研究样本，对管理层股权激励与盈余管理之间的研究进行更深入的探讨。同时，本书的研究可能未能充分考虑到行业差异和地区差异等因素，这可能会对研究结果的普适性产生一定影响。

（4）在指标衡量方面，本书借鉴多数学者对盈余管理指标的衡量方式，通过真实盈余管理和应计盈余管理对盈余管理进行综合考量，研究高管股权激励的实施效果。未来的研究可以从不同维度进行细化考量，如从不同应计手段或不同经营操纵手段着手，深入研究高管股权激励与综合盈余管理之间的关系，以及内外部因素在以上两者关系中的调节效应。

参 考 文 献

[1] 白云霞，王亚军，吴联生. 业绩低于阈值公司的盈余管理——来自控制权转移公司后续资产处置的证据 [J]. 管理世界，2005（5）：135-143.

[2] 鲍学欣，曹国华，邢相春，王鹏. 真实盈余管理的原因——一个前景理论的解释 [J]. 管理工程学报，2017，31（3）：45-51.

[3] 蔡春，唐凯桃，薛小荣. 会计专业独董的兼职席位、事务所经历与真实盈余管理 [J]. 管理科学，2017，30（4）：30-47.

[4] 曹琼，卜华，杨玉凤，刘春艳. 盈余管理、审计费用与审计意见 [J]. 审计研究，2013（6）：76-83.

[5] 陈沉，李哲，王磊. 企业生命周期、行业竞争冲击与盈余管理——基于应计盈余管理和真实盈余管理的双重考量 [J]. 山西财经大学学报，2017，39（5）：94-110.

[6] 陈大鹏，施新政，陆瑶，李卓. 员工持股计划与财务信息质量 [J]. 南开管理评论，2019，22（1）：166-180.

[7] 陈冬华，祝娟，俞俊利. 盈余管理行为中的经理人惯性——一种基于个人道德角度的解释与实证 [J]. 南开管理评论，2017，20（3）：144-158.

[8] 陈俊，陈汉文. 公司治理、会计准则执行与盈余价值相关性——来自中国证券市场的经验证据 [J]. 审计研究，2007（2）：45-52.

[9] 陈克兢，李延喜. 媒体监督与法治环境约束盈余管理的替代效应研究 [J]. 管理科学，2016，29（4）：17-28.

[10] 陈胜蓝，卢锐. 股权分置改革、盈余管理与高管薪酬业绩敏感性 [J]. 金融研究，2012（10）：180-192.

[11] 陈文强. 长期视角下股权激励的动态效应研究 [J]. 经济理论与经

济管理，2016（11）：53－66.

　　［12］陈文哲，石宁，梁琪，郝项超.股权激励模式选择之谜——基于股东与激励对象之间的博弈分析［J］.南开管理评论，2022，25（1）：189－203.

　　［13］陈小林，林昕.盈余管理、盈余管理属性与审计意见——基于中国证券市场的经验证据［J］.会计研究，2011（6）：77－85，96.

　　［14］陈旭东，杨文冬，黄登仕.企业生命周期改进了应计模型吗？——基于中国上市公司的实证检验［J］.会计研究，2008（7）：56－64，97.

　　［15］陈艳艳.员工股权激励的实施动机与经济后果研究［J］.管理评论，2015，27（9）：163－176.

　　［16］程果，蒋水全.管理层激励的盈余管理及股东财富增长——来自考核基期的证据［J］.南京审计大学学报，2019，16（3）：28－37.

　　［17］程小可，郑立东，姚立杰.内部控制能否抑制真实活动盈余管理？——兼与应计盈余管理之比较［J］.中国软科学，2013（3）：120－131.

　　［18］崔艳娟，李延喜，陈克兢.外部治理环境对盈余质量的影响：自然资源禀赋是"诅咒"吗［J］.南开管理评论，2018，21（2）：172－181，191.

　　［19］代冰彬，陆正飞，张然.资产减值：稳健性还是盈余管理［J］.会计研究，2007（12）：35－42，96.

　　［20］杜建菊，朱沛文.股权激励对上市公司财务绩效的影响研究［J］.价值工程，2020，39（14）：77－79.

　　［21］杜勇，张欢，陈建英.CEO海外经历与企业盈余管理［J］.会计研究，2018（2）：27－33.

　　［22］杜跃平，徐杰.CEO股票期权激励与并购决策关系研究——代理成本的中介作用和CEO过度自信的调节作用［J］.审计与经济研究，2016，31（4）：50－61.

　　［23］范海峰，胡玉明.R&D支出、机构投资者与公司盈余管理［J］.科研管理，2013，34（7）：24－30.

　　［24］范合君，初梓豪.股权激励对公司绩效倒U型影响［J］.经济与管理研究，2013（2）：5－11.

　　［25］付强，扈文秀，康华.股权激励能提高上市公司信息透明度吗？——

基于未来盈余反应系数的分析 ［J］. 经济管理, 2019, 41 (3): 174 – 192.

［26］ 付强, 吴娓. 限制性股票奖励、激励性股票期权与企业薪酬制度的选择 ［J］. 财会月刊, 2005 (26): 48 – 49.

［27］ 高凤莲, 王志强. 独立董事个人社会资本异质性的治理效应研究 ［J］. 中国工业经济, 2016 (3): 146 – 160.

［28］ 高敬忠, 杨朝. IPO 制度改革、盈余管理与 IPO 定价效率 ［J］. 贵州财经大学学报, 2020 (1): 21 – 36.

［29］ 高雷, 张杰. 公司治理、机构投资者与盈余管理 ［J］. 会计研究, 2008 (9): 64 – 72, 96.

［30］ 龚光明, 王京京. 财务专家型独立董事能有效抑制盈余管理吗？——来自深市 2003—2011 年的经验证据 ［J］. 华东经济管理, 2013, 27 (12): 1 – 10.

［31］ 龚启辉, 吴联生, 王亚平. 两类盈余管理之间的部分替代 ［J］. 经济研究, 2015, 50 (6): 175 – 188, 192.

［32］ 顾署生, 周冬华. 会计准则变迁、资产类型与资产减值应计可靠性 ［J］. 经济管理, 2016, 38 (11): 146 – 158.

［33］ 郭照蕊. 国际四大与高审计质量——来自中国证券市场的证据 ［J］. 审计研究, 2011 (1): 98 – 107.

［34］ 何凡. 股权激励制度与盈余管理程度——基于中国上市公司的经验证据 ［J］. 中南财经政法大学学报, 2010 (2): 135 – 140.

［35］ 何威风, 刘启亮. 我国上市公司高管背景特征与财务重述行为研究 ［J］. 管理世界, 2010 (7): 144 – 155.

［36］ 胡国柳, 赵阳. 公司治理水平、董事高管责任保险与盈余管理 ［J］. 财经理论与实践, 2017, 38 (2): 74 – 80.

［37］ 胡明霞. 管理层权力、内部控制质量与盈余管理 ［J］. 重庆大学学报 (社会科学版), 2018, 24 (2): 66 – 76.

［38］ 胡元木, 刘佩, 纪端. 技术独立董事能有效抑制真实盈余管理吗？——基于可操控 R&D 费用视角 ［J］. 会计研究, 2016 (3): 29 – 35, 95.

［39］ 黄芳, 杨七中. 独立董事本地化对公司盈余管理的影响——来自

2010—2014 年 A 股上市公司经验证据 [J]. 财经理论与实践, 2016, 37 (1): 81 - 88.

[40] 黄海杰, 吕长江, 丁慧. 独立董事声誉与盈余质量——会计专业独董的视角 [J]. 管理世界, 2016 (3): 128 - 143, 188.

[41] 黄虹, 张鸣, 柳琳. "回购 + 动态考核" 限制性股票激励契约模式研究——基于昆明制药股权激励方案的讨论 [J]. 会计研究, 2014 (2): 27 - 33, 94.

[42] 黄梅, 夏新平. 操纵性应计利润模型检测盈余管理能力的实证分析 [J]. 南开管理评论, 2009, 12 (5): 136 - 143.

[43] 黄谦. 大股东和经理人持股与盈余管理的关联性研究 [J]. 统计与决策, 2006 (18): 109 - 111.

[44] 黄昕, 李常洪, 薛艳梅. 高管团队知识结构特征与企业成长性关系——基于中小企业板块上市公司的实证研究 [J]. 经济问题, 2010 (2): 89 - 94.

[45] 季勇. 公司治理对股权激励方式选择的影响——基于中国资本市场的实证分析 [J]. 系统工程, 2010, 28 (3): 26 - 32.

[46] 姜付秀, 伊志宏, 苏飞, 黄磊. 管理者背景特征与企业过度投资行为 [J]. 管理世界, 2009 (1): 130 - 139.

[47] 蒋卫华. 员工持股、管理层权力与盈余管理 [J]. 财会通讯, 2019 (24): 53 - 57.

[48] 李宾, 杨济华. 上市公司的盈余管理必然导致会计稳健性下降吗? [J]. 会计研究, 2017 (11): 45 - 51, 96.

[49] 李彬, 郭菊娥, 苏坤. 企业风险承担: 女儿不如男吗? ——基于 CEO 性别的分析 [J]. 预测, 2017, 36 (3): 21 - 27, 35.

[50] 李春玲, 聂敬思. 股权激励范围、比例与公司绩效之间的关系——基于产业要素密集度视角 [J]. 会计之友, 2018 (2): 87 - 94.

[51] 李春涛, 赵一, 徐欣, 李青原. 按下葫芦浮起瓢: 分析师跟踪与盈余管理途径选择 [J]. 金融研究, 2016 (4): 144 - 157.

[52] 李端生, 周虹. 高管团队特征、垂直对特征差异与内部控制质量 [J]. 审计与经济研究, 2017, 32 (2): 24 - 34.

[53] 李芳，于寅健，王松．中小股东网络表达会影响上市公司盈余管理行为吗？——基于二类代理成本的中介效应分析 [J]．现代财经（天津财经大学学报），2023，43（2）：75-93．

[54] 李嘉，张骁，杨忠．性别差异对创业的影响研究文献综述 [J]．科技进步与对策，2009，26（24）：190-194．

[55] 李奇凤，刘洪渭．会计师事务所规模及其对盈余管理的监督能力——来自中国的经验证据 [J]．财会通讯，2009（36）：102-106．

[56] 李书锋，杨芸，黄小琳．高管激励调节下研发投入与公司绩效关系研究 [J]．会计之友，2020（11）：66-72．

[57] 李姝，黄雯．长期资产减值、盈余管理与价值相关性——基于新会计准则变化的实证研究 [J]．管理评论，2011，23（10）：144-151．

[58] 李姝，金振，谢雁翔．员工持股计划对企业全要素生产率的影响研究 [J]．管理学报，2022，19（5）：758-767．

[59] 李小娟．股权激励模式与企业非效率投资行为研究——基于代理成本中介和股权集中调节的视角 [J]．湖南大学学报（社会科学版），2017，31（6）：74-79．

[60] 李晓慧，杨坤．媒体关注、审计意见与会计信息透明度研究 [J]．中央财经大学学报，2015（10）：52-60．

[61] 李延喜，陈克兢．终极控制人、外部治理环境与盈余管理——基于系统广义矩估计的动态面板数据分析 [J]．管理科学学报，2014，17（9）：56-71．

[62] 李延喜，赛骞，孙文章．在审计报告中沟通关键审计事项是否提高了盈余质量？[J]．中国软科学，2019（3）：120-135．

[63] 李严，罗国锋，马世美．风险投资机构人力资本与投资策略的实证研究 [J]．管理科学，2012，25（3）：45-55．

[64] 李曜．股票期权与限制性股票股权激励方式的比较研究 [J]．经济管理，2008，30（23）：11-18．

[65] 李增福，曾慜．投资者法律保护与企业的盈余管理——基于应计项目操控和真实活动操控的研究 [J]．管理评论，2017，29（2）：221-233．

[66] 李增福，董志强，连玉君．应计项目盈余管理还是真实活动盈余管

理?——基于我国2007年所得税改革的研究 [J]. 管理世界, 2011 (1): 121 - 134.

[67] 李战奎. 高管激励与企业绩效——基于研发投入的中介效应 [J]. 财会通讯, 2017, (35): 31 - 36, 129.

[68] 刘凤朝, 默佳鑫, 马荣康. 高管团队海外背景对企业创新绩效的影响研究 [J]. 管理评论, 2017 (7): 135 - 147.

[69] 刘浩, 孙铮. 西方股权激励契约结构研究综述——兼论对中国上市公司股权激励制度的启示 [J]. 经济管理, 2009, 31 (4): 166 - 172.

[70] 刘睿智. 人口统计学特征、高管薪酬与盈余管理 [J]. 财经问题研究, 2017 (5): 65 - 71.

[71] 刘银国, 孙慧倩, 王烨. 股票期权激励、行权业绩条件与真实盈余管理 [J]. 管理工程学报, 2018, 32 (2): 128 - 136.

[72] 刘玉玉, 唐嘉尉. 行业景气度及其波动性对企业盈余管理的影响研究 [J]. 审计研究, 2017 (2): 104 - 112.

[73] 罗国民, 章卫东, 王珏玮. 公司内部治理、审计师监督与定向增发公司的盈余管理——来自我国A股市场的经验数据 [J]. 财贸研究, 2018, 29 (11): 99 - 110.

[74] 罗华伟, 蔡琳雅, 段华友. 股权激励、功能定位与企业高质量发展: 基于央企控股上市公司的经验数据 [J]. 财会通讯, 2022 (9): 78 - 83.

[75] 罗珊梅. 管理层权力、盈余管理与股市流动性——基于企业生命周期的视角 [J]. 财经理论与实践, 2017, 38 (1): 95 - 102.

[76] 吕长江, 郑慧莲, 严明珠, 许静静. 上市公司股权激励制度设计: 是激励还是福利? [J]. 管理世界, 2009 (9): 133 - 147, 188.

[77] 孟岩, 周航. 金融关联对上市公司盈余管理的影响研究——代理成本的中介作用 [J]. 贵州财经大学学报, 2018 (1): 47 - 56.

[78] 欧丽慧, 陈天明, 李真. 高管股权激励模式对激励效果的影响研究——基于中国上市公司的比较分析 [J]. 管理案例研究与评论, 2018, 11 (3): 303 - 318.

[79] 潘珺, 余玉苗. 审计委员会履职能力、召集人影响力与公司财务报告质量 [J]. 南开管理评论, 2017, 20 (1): 108 - 118.

[80] 潘文强, 孙莹. Knight 不确定环境下复式期权定价模型——在两种

股权激励模式中的应用 [J]. 数学的实践与认识, 2023, 53 (8): 59 – 69.

[81] 彭茶芳. 上市公司股权激励的动因分析 [J]. 现代企业, 2019 (1): 97 – 98.

[82] 彭青, 陈少华. 董事会监管与盈余管理——来自沪深两市上市公司的经验证据 [J]. 现代管理科学, 2013 (2): 35 – 37, 47.

[83] 邱丹平. 股权激励实施效果研究——基于上市公司数据 [J]. 中国集体经济, 2020 (13): 78 – 81.

[84] 权小锋, 吴世农, 文芳. 管理层权力、私有收益与薪酬操纵 [J]. 经济研究, 2010, 45 (11): 73 – 87.

[85] 冉茂盛, 向伟, 罗富碧. 股权激励与盈余管理关系的实证研究——基于面板数据模型 [J]. 商场现代化, 2009 (11): 362 – 363.

[86] 沈小燕, 王跃堂. 股权激励、产权性质与公司绩效 [J]. 东南大学学报 (哲学社会科学版), 2015, 17 (1): 71 – 79.

[87] 沈小燕. 上市公司股权激励契约类型的选择 [J]. 南通大学学报 (社会科学版), 2013, 29 (2): 126 – 134.

[88] 盛明泉, 伍岳. 高管年龄、风险承担与企业绩效 [J]. 重庆科技学院学报 (社会科学版), 2017 (5): 25 – 29.

[89] 施屹舟, 范黎波. 内部控制、盈余管理和管理者的在职消费 [J]. 财经问题研究, 2017 (7): 88 – 94.

[90] 宋常, 张江凯, 李飘. 经理人股票期权激励、关联非执行董事治理与盈余管理 [J]. 管理学报, 2019, 16 (9): 1301 – 1311.

[91] 宋岩, 滕萍萍, 秦昌才. 企业社会责任与盈余管理: 基于中国沪深股市 A 股制造业上市公司的实证研究 [J]. 中国管理科学, 2017, 25 (5): 187 – 196.

[92] 苏冬蔚, 林大庞. 股权激励、盈余管理与公司治理 [J]. 经济研究, 2010, 45 (11): 88 – 100.

[93] 孙鲲鹏, 王丹, 肖星. 互联网信息环境整治与社交媒体的公司治理作用 [J]. 管理世界, 2020, 36 (7): 106 – 132.

[94] 汤萱, 谢梦园, 许玲. 股权激励、制度环境与企业资本投资效率

[J]. 金融经济学研究, 2017, 32 (4): 70 - 81.

[95] 万宇洵, 肖秀芬. 高管身份特征对盈余质量影响的实证研究 [J]. 财经理论与实践, 2012, 33 (6): 57 - 60.

[96] 汪金龙, 李创霏. 高管人力资本、高管报酬和公司绩效关系的实证研究——以中部地区上市公司为例 [J]. 经济管理, 2007 (24): 33 - 38.

[97] 汪猛, 徐经长. 货币政策、盈余管理与资产减值 [J]. 中央财经大学学报, 2015 (11): 53 - 61, 74.

[98] 王福胜, 程富, 吉姗姗. 基于资产处置的盈余管理研究 [J]. 管理科学, 2013, 26 (5): 73 - 86.

[99] 王福胜, 王也, 刘仕煜. 网络媒体报道对盈余管理的影响研究——基于投资者异常关注视角的考察 [J]. 南开管理评论, 2021, 24 (5): 116 - 129.

[100] 王怀明, 钱二仙. 核心员工股权激励、市场竞争异质性与企业创新绩效 [J]. 财会月刊, 2021 (6): 43 - 50.

[101] 王建新. 公司治理结构、盈余管理动机与长期资产减值转回——来自我国上市公司的经验证据 [J]. 会计研究, 2007 (5): 60 - 66, 96.

[102] 王晶. 股权激励模式选择与上市公司业绩关系的实证研究 [J]. 商场现代化, 2023 (3): 118 - 120.

[103] 王克敏, 廉鹏, 向阳. 上市公司"出身"与盈余质量研究 [J]. 中国会计评论, 2009, 7 (1): 3 - 28.

[104] 王生年. 减值准备与盈余管理: 来自中国上市公司的证据 [J]. 当代财经, 2008 (10): 121 - 125.

[105] 王汀汀, 李赫美. 企业生命周期视角下盈余管理的动态研究 [J]. 中央财经大学学报, 2018 (1): 42 - 52.

[106] 王瑛, 官建成, 马宁. 我国企业高层管理者、创新策略与企业绩效之间的关系研究 [J]. 管理工程学报, 2003 (1): 1 - 6.

[107] 王萱, 曹廷求. CEO 任期、继任来源与管理层激励的动态调整 [J]. 上海经济研究, 2012, 24 (11): 13 - 25.

[108] 魏立群, 王智慧. 我国上市公司高管特征与企业绩效的实证研究 [J]. 南开管理评论, 2002 (4): 16 - 22.

［109］吴君民，洪子祎．股权激励、员工持股计划对高质量发展的影响——基于 A 股上市公司的面板数据［J］．中国商论，2023（13）：159 - 164.

［110］吴秋生，郭檬楠，张小芳．真实盈余管理与应计盈余管理关系研究——基于现阶段我国企业所处环境的互动效应视角［J］．南京审计大学学报，2018，15（1）：87 - 96.

［111］向寿生，薛小荣．财务型独董对盈余管理的影响研究［J］．统计与信息论坛，2016，31（10）：60 - 69.

［112］向祥华，吕昌会．股票期权激励与传统激励方式的比较分析［J］．数量经济技术经济研究，2004（7）：146 - 153.

［113］项靖．我国上市公司股权激励与公司绩效的实证研究［J］．纳税，2019，13（17）：240.

［114］肖成民，吕长江．利润操纵行为影响会计稳健性吗？——基于季度盈余不同汇总方法的经验证据［J］．会计研究，2010（9）：17 - 24，96.

［115］肖淑芳，刘颖，刘洋．股票期权实施中经理人盈余管理行为研究——行权业绩考核指标设置角度［J］．会计研究，2013，（12）：40 - 46，96.

［116］肖淑芳，石琦，王婷，易肃．上市公司股权激励方式选择偏好——基于激励对象视角的研究［J］．会计研究，2016（6）：55 - 62，95.

［117］肖淑芳，张超．上市公司股权激励、行权价操纵与送转股［J］．管理科学，2009，22（6）：84 - 94.

［118］肖淑芳，张晨宇，张超，等．股权激励计划公告前的盈余管理——来自中国上市公司的经验证据［J］．南开管理评论，2009，12（4）：113 - 119，127.

［119］谢德仁，崔宸瑜，汤晓燕．业绩型股权激励下的业绩达标动机和真实盈余管理［J］．南开管理评论，2018，21（1）：159 - 171.

［120］邢立全，王韦程，陈汉文．产品市场竞争、竞争地位与盈余管理［J］．南京审计大学学报，2016，13（3）：30 - 43.

［121］徐宁，徐向艺．控制权激励双重性与技术创新动态能力——基于高科技上市公司面板数据的实证分析［J］．中国工业经济，2012（10）：109 - 121.

［122］徐宁．上市公司股权激励方式及其倾向性选择——基于中国上市公司的实证研究［J］．山西财经大学学报，2010，32（3）：81 - 87.

[123] 徐文新. 我国上市公司股权激励方式的分类比较研究 [J]. 华东经济管理, 2003, 14 (6): 96 - 99.

[124] 许娟娟, 陈志阳. 股权激励模式、盈余管理与公司治理 [J]. 上海金融, 2019 (1): 42 - 49.

[125] 杨大凤. 不同股权激励方式对民营企业研发投资的影响——基于深市中小板上市公司的实证研究 [J]. 金融理论与实践, 2015 (1): 86 - 89.

[126] 杨慧辉. 两大股权激励方式激励作用的比较研究——基于厌恶经理人的委托代理理论分析 [J]. 经济经纬, 2008 (2): 109 - 113.

[127] 杨继伟. 股权治理结构与盈余质量: 后股权分置时代的经验证据 [J]. 经济与管理研究, 2010 (8): 14 - 21.

[128] 杨力, 朱砚秋. 股权激励模式对股权激励效果的影响——基于 A 股市场的经验证据 [J]. 山东社会科学, 2017 (3): 102 - 108.

[129] 叶陈刚, 刘桂春, 洪峰. 股权激励如何驱动企业研发支出?——基于股权激励异质性的视角 [J]. 审计与经济研究, 2015, 30 (3): 12 - 20.

[130] 叶德珠, 吴梦真, 杨冰. CEO、CFO 合谋对企业盈余管理水平的影响——基于任职时间的考虑 [J]. 武汉金融, 2019 (5): 39 - 44.

[131] 游锐意. 创业板上市公司高管持股对研发投入影响的实证研究 [J]. 价值工程, 2020, 39 (3): 34 - 36.

[132] 曾亚敏, 张俊生. 会计师事务所合并对审计质量的影响 [J]. 审计研究, 2010 (5): 53 - 60.

[133] 张多蕾, 白茹. 基于生命周期视角的股权激励模式研究 [J]. 吉林工商学院学报, 2019, 35 (2): 45 - 48, 94.

[134] 张海平, 吕长江. 上市公司股权激励与会计政策选择: 基于资产减值会计的分析 [J]. 财经研究, 2011, 37 (7): 60 - 70.

[135] 张俊瑞, 李彬, 刘东霖. 真实活动操控的盈余管理研究——基于保盈动机的经验证据 [J]. 数理统计与管理, 2008 (5): 918 - 927.

[136] 张蓬勃. 高管激励与真实盈余管理 [D]. 长春: 吉林财经大学, 2021.

[137] 张平. 多元化经营下高层管理团队异质性与企业绩效 [J]. 科学学与科学技术管理, 2006, 2: 114 - 118.

[138] 张婷婷, 李延喜, 曾伟强. 媒体关注下上市公司盈余管理行为的差异研究——一种治理盈余管理的新途径 [J]. 管理评论, 2018, 30 (2): 25-41.

[139] 张雁翎, 陈涛. 盈余管理计量模型效力的实证研究 [J]. 数理统计与管理, 2007 (3): 481-488.

[140] 张裕泳. 中国上市公司业绩与股权激励政策的关系实证研究 [J]. 国际公关, 2019 (7): 133-137.

[141] 张正勇, 谢金. 高管权力会影响内部控制的执行效果吗?——基于应计和真实盈余管理视角的分析 [J]. 南京财经大学学报, 2016 (1): 75-83.

[142] 张志花, 金莲花. 公司治理与真实活动盈余管理的实证研究 [J]. 财会通讯, 2010 (12): 71-74.

[143] 赵春光. 资产减值与盈余管理——论《资产减值》准则的政策涵义 [J]. 会计研究, 2006 (3): 11-17, 96.

[144] 赵晶, 郭海. 公司实际控制权、社会资本控制链与制度环境 [J]. 管理世界, 2014 (9): 160-171.

[145] 赵黎兵. 高管学术经历与公司盈余管理行为 [J]. 浙江金融, 2019 (8): 28-34.

[146] 周建, 罗肖依, 张双鹏. 独立董事个体有效监督的形成机理——面向董事会监督有效性的理论构建 [J]. 中国工业经济, 2016 (5): 109-126.

[147] 周建波, 孙菊生. 经营者股权激励的治理效应研究——来自中国上市公司的经验证据 [J]. 经济研究, 2003 (5): 74-82, 93.

[148] 周晓苏, 陈沉. 从生命周期视角探析应计盈余管理与真实盈余管理的关系 [J]. 管理科学, 2016, 29 (1): 108-122.

[149] 周泽将, 徐硕, 马静. 政治关联、事务所背景与盈余管理——基于独立董事视角的经验证据 [J]. 审计研究, 2017 (6): 99-104, 112.

[150] 朱茶芬. 会计管制和盈余质量关系的实证研究 [J]. 财贸经济, 2006 (5): 39-45.

[151] 朱焱, 张孟昌. 企业管理团队人力资本、研发投入与企业绩效的实证研究 [J]. 会计研究, 2013 (11): 45-52, 96.

[152] Almadi M, Lazic P. CEO incentive compensation and earnings

management: The implications of institutions and governance systems [J]. Management Decision, 2016, 54 (10): 2447 – 2461.

[153] Ashbaugh-Skaife H, Collins D W, Kinney Jr W R, et al. The effect of SOX internal control deficiencies and their remediation on accrual quality [J]. The Accounting Review, 2008, 83 (1): 217 – 250.

[154] Baixauli-Soler J S, Belda-Ruiz M, Sanchez-Marin G. An executive hierarchy analysis of stock options: Does gender matter? [J]. Review of Managerial Science, 2017, 11 (4): 737 – 766.

[155] Baker T, Collins D, Reitenga A. Stock option compensation and earnings management incentives [J]. Journal of Accounting, Auditing and Finance, 2003, 18 (4): 557 – 582.

[156] Ball R, Kothari S P, Robin A. The effect of international institutional factors on properties of accounting earnings [J]. Journal of Accounting and Economics, 2000, 29 (1): 1 – 51.

[157] Ball R, Shivakumar L. The role of accruals in asymmetrically timely gain and loss recognition [J]. Journal of Accounting Research, 2006, 44 (2): 207 – 242.

[158] Belghitar Y, Clark E. Managerial risk incentives and investment related agency costs [J]. International Review of Financial Analysis, 2015, 38: 191 – 197.

[159] Benmelech E, Kandel E, Veronesi P. Stock-based compensation and CEO (dis) incentives [J]. The Quarterly Journal of Economics, 2010, 125 (4): 1769 – 1820.

[160] Bergstresser D, Philippon T. CEO incentives and earnings management [J]. Journal of Financial Economics, 2006, 80 (3): 511 – 529.

[161] Bettis C, Bizjak J, Coles J, et al. Stock and option grants with performance-based vesting provisions [J]. The Review of Financial Studies, 2010, 23 (10): 3849 – 3888.

[162] Bowen R M, Rajgopal S, Venkatachalam M. Accounting discretion,

corporate governance, and firm performance [J]. Contemporary Accounting Research, 2008, 25 (2): 351 – 405.

[163] Bryan S, Hwang L, Lilien S. CEO stock-based compensation: An empirical analysis of intensity, relative Mix, and economic determinants [J]. Journal of Business, 2000 (73): 142 – 155.

[164] Bulan L, Sanyal P. Incentivizing managers to build innovative firms [J]. Annals of Finance, 2011, 7: 267 – 283.

[165] Burnett B M, Cripe B M, Martin G W, et al. Audit quality and the trade-off between accretive stock repurchases and accrual-based earnings management [J]. The Accounting Review, 2012, 87 (6): 1861 – 1884.

[166] Cain M D, Mckeon S B. CEO personal risk-taking and corporate policies [J]. Journal of Financial and Quantitative Analysis, 2016, 51 (1): 139 – 164.

[167] Caramanis C, Lennox C. Audit effort and earnings management [J]. Journal of Accounting and Economics, 2008, 45 (1): 116 – 138.

[168] Chan K, Jegadeesh N, Sougiannis T. The accrual effect on future earnings [J]. Review of Quantitative Finance and Accounting, 2004, 22 (2): 97 – 121.

[169] Chapman C J. The effects of real earnings management on the firm, its competitors and subsequent reporting periods [J]. Available at SSRN 1747151, 2011.

[170] Chen Y, Cheng C S A, Li S, et al. The monitoring role of the media: Evidence from earnings management [J]. Journal of Business Finance & Accounting, 2021, 48 (3 – 4): 533 – 563.

[171] Chen Y C, Lee C H, Chou P I. Stock-based compensation and earnings management behaviors [J]. Review of Pacific Basin Financial Markets and Policies, 2015, 18 (2): 1550008.

[172] Cheng Q, Warfield T D. Equity incentives and earnings management [J]. The Accounting Review, 2005, 80 (2): 441 – 476.

[173] Cheng Q, Warfield T, Ye M. Equity incentives and earnings management:

Evidence from the banking industry ［J］. Journal of Accounting, Auditing & Finance, 2011, 26 (2): 317 – 349.

［174］ Choi B, Kim J B. The effect of CEO stock-Based compensation on the pricing of future earnings ［J］. European Accounting Review, 2017, 26 (4): 651 – 679.

［175］ Coles J L, Hertzel M, Kalpathy S. Earnings management around employee stock option reissues ［J］. Journal of Accounting and Economics, 2006, 41 (1 – 2): 173 – 200.

［176］ Core J E, Guay W R. Stock option plans for non-executive employees ［J］. Journal of Financial Economics, 2001, 61 (2): 253 – 287.

［177］ Cullinan C P, Roush P B. Has the likelihood of appointing a CEO with an accounting/finance background changed in the post-Sarbanes Oxley era? ［J］. Research in Accounting Regulation, 2011, 23 (1): 71 – 77.

［178］ Dechow P M, Dichev I D. The quality of accruals and earnings: The role of accrual estimation errors ［J］. The Accounting Review, 2002, 77 (s – 1): 35 – 59.

［179］ Dechow P M, Sloan R G. Executive incentives and the horizon problem: An empirical investigation ［J］. Journal of Accounting and Economics, 1991, 14 (1): 51 – 89.

［180］ Dechow P M, Sloan R G, Sweeney A P. Detecting earnings management ［J］. The Accounting Review, 1995, 70: 193 – 225.

［181］ Deng Q, Ji S. The Role of gender in individual and group decision making: A research model ［J］. Open Journal of Social Sciences, 2014, 2 (3): 30 – 33.

［182］ Dutta S, Fan Q. Equilibrium earnings management and managerial compensation in a multiperiod agency setting ［J］. Review of Accounting Studies, 2014, 19 (3): 1047 – 1077.

［183］ Efendi J, Srivastava A, Swanson E P. Why do corporate managers misstate financial statements? The role of option compensation and other factors ［J］.

Journal of Financial Economics, 2007, 85 (3): 667 – 708.

[184] Faccio M, Marchica M T, Mura R. CEO gender, corporate risk-taking, and the efficiency of capital allocation [J]. Journal of Corporate Finance, 2016, 39: 193 – 209.

[185] Fama E F, Jensen M C. Separation of ownership and control [J]. The Journal of Law and Economics, 1983, 26 (2): 301 – 325.

[186] Feltham G A, Wu M G H. Incentive efficiency of stock versus options [J]. Review of Accounting Studies, 2001, 6 (1): 7 – 28.

[187] Feng M, Ge W, Luo S, et al. Why do CFOs become involved in material accounting manipulations [J]. Journal of Accounting and Economics, 2011, 51 (1): 21 – 36.

[188] Feng Y, Tian Y S. Option expensing and managerial equity incentives [J]. Financial Markets, Institutions & Instruments, 2009, 18 (3): 195 – 241.

[189] Ferentinou A C, Anagnostopoulou S C. Accrual-based and real earnings management before and after IFRS adoption: The case of Greece [J]. Journal of Applied Accounting Research, 2016, 17 (1): 2 – 23.

[190] Francis B, Hasan I, Wu Q. The impact of CFO gender on bank loan contracting [J]. Journal of Accounting, Auditing & Finance, 2013, 28 (1): 53 – 78.

[191] Francis J R, Maydew E L, Sparks H C. The role of big 6 auditors in the credible reporting of accruals [J]. Auditing: A Journal of Practice and Theory, 1999, 18 (2): 17 – 34.

[192] Fung S Y K, Su L N, Gul R J. Investor legal protection and earnings management: A study of Chinese H-shares and Hong Kong shares [J]. Journal of Accounting and Public Policy, 2013, 32 (5): 392 – 409.

[193] Gunny K A. The relation between earnings management using real activities manipulation and future performance: Evidence from meeting earnings benchmarks [J]. Contemporary Accounting Research, 2010, 27 (3): 855 – 888.

[194] Hall B J, Murphy K J. Stock options for undiversified executives [J]. Journal of Accounting and Economics, 2002, 33 (1): 3 – 42.

［195］ Hall B J, Murphy K J. The trouble with stock options ［J］. Journal of Economic Perspectives, 2003, 17 (3): 49 – 70.

［196］ Hambrick D C, D'Aveni R A. Top team deterioration as part of the downward spiral of large corporate bankruptcies ［J］. Management Science, 1992, 38 (10): 1445 – 1466.

［197］ Hambrick D C, Mason P A. Upper echelons: The organization as a reflection of its top managers ［J］. Academy of Management Review, 1984, 9 (2): 193 – 206.

［198］ Hambrick D C. Upper echelons theory: An update ［J］. Academy of Management Review, 2007, 32 (2): 334 – 343.

［199］ Hazarika S, Karpoff J M, Nahata R. Internal corporate governance, CEO turnover, and earnings management ［J］. Journal of Financial Economics, 2012, 104 (1): 44 – 69.

［200］ Healy P M, Wahlen J M. A review of the earnings management literature and its implications for standard setting ［J］. Accounting Horizons, 1999, 13 (4): 365 – 383.

［201］ Healy P M. The effect of bonus schemes on accounting decisions ［J］. Journal of Accounting and Economics, 1985, 7 (3): 85 – 107.

［202］ Heron R A, Lie E. Do stock options overcome managerial risk aversion? Evidence from exercises of executive stock options ［J］. Management Science, 2017, 63 (9): 3057 – 3071.

［203］ Herrmann D, Inoue T N, Thomas W B. The sale of assets to manage earnings in Japan ［J］. Journal of Accounting Research, 2003, 41 (1): 89 – 108.

［204］ Huang H W, Rose-Green E, Lee C C. CEO age and financial reporting quality ［J］. Accounting Horizons, 2012, 26 (4): 725 – 740.

［205］ Irving J H, Landsman W R, Lindsey B P. The valuation differences between stock option and restricted stock grants for US firms ［J］. Business Finance & Accounting, 2011, 38 (3 – 4): 395 – 412.

［206］ Jenson M C, Meckling J H. Theory of the firm: Managerial behavior, agency costs and ownership structure [J]. Journal of Financial Economics, 1976, 3: 305 – 360.

[207] Jensen M C, Murphy K J. Performance pay and top-management incentives [J]. Journal of Political Economy, 1990, 98 (2): 225 – 264.

[208] Jiang J X, Petroni K R, Wang I Y. CFOs and CEOs: Who have the most influence on earnings management? [J]. Journal of Financial Economics, 2010, 96 (3): 513 – 526.

[209] Jones J J. Earnings management during import relief investments [J]. Journal of Accounting Research, 1991, 29 (2): 193 – 228.

[210] Keck S L. Top management team structure: Differential effects by environmental context [J]. Organization Science, 1997, 8 (2): 143 – 156.

[211] Kedia S, Koh K, Rajgopal S. Evidence on contagion in earnings management [J]. The Accounting Review, 2015, 90 (6): 2337 – 2373.

[212] Khan W A, Vieito J P. CEO gender and firm performance [J]. Journal of Economics and Business, 2013, 67: 55 – 66.

[213] Klein A. Audit committee, board of director characteristics, and earnings management [J]. Journal of Accounting and Economics, 2002, 33 (3): 375 – 400.

[214] Lambert R A, Larcker D F. Stock options, restricted stock, and incentives [J]. Restricted Stock, and Incentives, 2004.

[215] Laux C, Laux V. Board committees, CEO compensation, and earnings management [J]. The Accounting Review, 2009, 84 (3): 869 – 891.

[216] Li L, Kuo C S. CEO equity compensation and earnings management: The role of growth opportunities [J]. Finance Research Letters, 2017, 20: 289 – 295.

[217] Lim E N K. The role of reference point in CEO restricted stock and its impact on R&D intensity in high-technology firms [J]. Strategic Management Journal, 2015, 36 (6): 872 – 889.

[218] Lourenço I C, Rathke A, Santana V, et al. Corruption and earnings

management in developed and emerging countries〔J〕. Corporate Governance: The International Journal of Business in Society, 2018, 18 (1): 35 −51.

〔219〕 Low A. Managerial risk-taking behavior and equity-based compensation〔J〕. Financial Economics, 2009, 92 (3): 470 −490.

〔220〕 Lutz W. Sola schola et sanitate: Human capital as the root cause and priority for international development?〔J〕. Philosophical Transactions of the Royal Society B: Biological Sciences, 2009, 364: 3031 −3047.

〔221〕 Malmendier U, Tate G A. CEO overconfidence and corporate investment〔J〕. Journal of Finance, 2005, 60 (6): 2661 −2700.

〔222〕 Matsuura S. On the relation between real earnings management and accounting earnings management: income smoothing perspective〔J〕. Journal of International Business Research, 2008, 7: 63.

〔223〕 McAnally M L, Srivastava A, Weaver C D. Executive stock options, missed earnings targets, and earnings management〔J〕. The Accounting Review, 2008, 83 (1): 185 −216.

〔224〕 McNichols M. The quality of accruals and earnings: The role of accrual estimation errors〔J〕. The Accounting Review, 2002 (77): 61 −69.

〔225〕 Murphy K J. Stock-based pay in new economy firms〔J〕. Journal of Accounting and Economics, 2003, 34 (1 −3): 129 −147.

〔226〕 O'Callaghan S, Ashton J, Hodgkinson L. Earnings management and managerial ownership in private firms〔J〕. Journal of Applied Accounting Research, 2018, 19 (4): 648 −668.

〔227〕 Ozge Uygur. Earnings management and executive compensation: evidence from banking industry〔J〕. Banking & Finance Review, 2013, 5 (2): 33 −54.

〔228〕 Peasnell K V, Pope P F, Young S. Board monitoring and earnings management: do outside directors influence abnormal accruals?〔J〕. Journal of Business Finance & Accounting, 2005, 32 (7): 1311 −1346.

〔229〕 Peng L, Röell A. Executive pay and shareholder litigation〔J〕. Review of Finance, 2007, 12 (1): 141 −184.

［230］ Roychowdhury S. Earnings management through real activities manipulation ［J］. Journal of Accounting and Economics, 2006, 420 (3): 335 – 370.

［231］ Sila V, Gonzalez A, Hagendorff J. Independent director reputation incentives and stock price informativeness ［J］. Journal of Corporate Finance, 2017, 47: 219 – 235.

［232］ Sun J, Liu G. Does analyst coverage constrain real earnings management? ［J］. The Quarterly Review of Economics and Finance, 2016, 59: 131 – 140.

［233］ Suryandari N N A, Yuesti A, Suryawan I M. Fraud risk and earnings management ［J］. Journal of Management, 2019, 7 (1): 43 – 51.

［234］ Teoh S H, Welch I, Wong T J. Earnings management and the underperformance of seasoned equity offerings ［J］. Journal of Financial Economics, 1998, 50 (1): 63 – 99.

［235］ Tzioumis K. Why do firms adopt CEO stock options? Evidence from the United States ［J］. Journal of Economic Behavior & Organization, 2008, 68 (1): 100 – 111.

［236］ Uzun H, Zheng Y. The effects of option incentives on backdating and earnings management ［J］. International Journal of Business, 2012, 17 (1): 1.

［237］ Wu Y W. Optimal executive compensation: Stock options or restricted stocks ［J］. International Review of Economics and Finance, 2011, 20 (4): 633 – 644.

［238］ Wu Y W. The incentive effect of repricing in employee stock options ［J］. Review of Accounting and Finance, 2009, 8 (1): 38 – 53.

［239］ Ye K. Independent director cash compensation and earnings management ［J］. Journal of Accounting and Public Policy, 2014, 33 (4): 391 – 400.

［240］ Zang A Y. Evidence on the trade-off between real activities manipulation and accrual-based earnings management ［J］. Accounting Review, 2012, 87 (2): 675 – 703.

［241］ Zenger T, Lawrence B. Organizational demography: the differential effects of age and tenure on communication ［J］. Academy of Management Journal, 1989 (32): 353 – 376.

后　记

　　这本著作的完成是我个人学术旅程中的一个重要里程碑。在这本学术著作的撰写与出版过程中，我深刻体会到了学术研究的艰辛与喜悦，特在此表达我的感激之情，对所有为本著作付出努力和提供帮助的人表示最诚挚的谢意。

　　首先要感谢我的导师扈文秀教授，他的指导和建议是我研究工作的灯塔，照亮了我前行的道路，他严谨的学术态度和对知识的热爱深深影响了我，成为我今后学术生涯中的宝贵财富。

　　其次，对我的硕士研究生梁润苗、袁博、郑娜表达谢意，他们在数据收集、文字校对、格式排版等方面做了很多工作，他们的努力是本书能够顺利完成的关键。

　　再次，我还要感谢参与本书评审、校对的各位专家、编辑们，他们的细心和专业确保了本书的语言表达和结构布局的专业性，他们的工作不仅仅是文字上的润色，更是对整体质量的把控。

　　最后，我要感谢我的家人和朋友，他们的理解和支持是我能够专心于学术研究的坚强后盾，在我忙于写作和研究的日子里，是他们的陪伴和鼓励让我感到温暖、有力。